社会福祉記事ワークブック

松井圭三・今井慶宗　編著

大学教育出版

はしがき

NIEという言葉をご存じでしょうか。NIEとは、Newspaper in Educationの略であり、アルファベットそのままに　エヌ・アイ・イー　と読みます。これは、教育機関（学校）で新聞を教材として活用することを意味します。日本でも多くの小・中・高等学校で実践されているほか、近年では大学・短期大学・専門学校でも広がりを見せています。

皆さんは新聞にどのような印象を持っていますか。新聞は難しいものと思っている人もいるかもしれません。若者の新聞離れが指摘されて久しいです。しかし、新聞の紙面には政治・経済だけではなく社会や文化、科学やエンターテイメントまであらゆる分野の記事が載っています。とても読みごたえのある楽しいものです。新聞をこれまであまり読んだことのない人は、新聞の形式に慣れることが第一歩です。

本書は、読者の皆さんに、読む力とともに書く力をつけていただきたいという願いから企画しました。そのため、一般の社会福祉の教科書とはややタイプが異なります。新聞を活用したワークブック、その中でも社会福祉のワークブック教材は多くありません。このワークブックは、新聞記事を読み、言葉を調べ、感想を書き、解説で学びを深めるという一連の流れをとっています。社会福祉に関連する言葉や制度を調べたり記事を読んでの感想を書くなど、自分自身で課題に取り組むワークブックです。

社会福祉士・介護福祉士・保育士などの国家資格を取得するときは、実習日誌の記入等多くの場面で文を記入しなければなりません。無事に資格を取得して仕事に就いた後もケース記録や連絡帳等で文章を書くことがたくさんあります。このほかにも、文章を読み解き、まとめ、自分の力で発信する力は社会のいろいろな場面において必要とされます。

今、社会福祉は大きな変化が続いています。ワークブックを終えた後も新聞記事に関心を持ち、社会福祉の勉強を続けてもらうことを願っています。

各章はそれぞれの分野の専門の先生が、わかりやすく丁寧に展開しています。みなさん、少しずつ確実に取り組んでいきましょう。

大学教育出版の佐藤社長、山陽新聞社読者局長の佐々木氏にいろいろご苦労をかけました。この紙面を借りて感謝申し上げる次第です。

2016年3月

編著者　松井圭三・今井慶宗

このワークブックの利用方法（使い方）

このワークブックはおおむね①新聞記事、②言葉を調べてみましょう、③記事を読んでの感想を書いてみましょう、④解説という構成になっています。

皆さんが教室で先生から指導を受けながら学ばれることもあるでしょう。自学自習される方もいらっしゃるかもしれません。使い方はもちろん自由です。

ここでは、次のような利用方法で学習されると取り組みやすいのではないかと私たち編著者が考えたものをお示しします。ぜひ参考にしてみてください。

1　新聞記事をよく読みましょう。難しい言葉・知らない単語はそこに線を引っ張っておくとよいでしょう。新聞記事の読み方にも慣れましょう。

2　設問に沿って、言葉を調べてみましょう。調べる言葉はいくつかあります。教科書や辞典・インターネットで調べましょう。言葉同士の関連性にも注意しましょう。

3　記事を読んでの感想を書きましょう。記事を読んでの素直な気持ち、自分ならばどう取り組むか、考えたことなどを自由に書きましょう。

4　解説では、新聞記事の内容や関連することについてそれぞれの分野の専門の先生が分かりやすく説明しています。よく読んで理解しましょう。自分で調べてよく分からなかった言葉は、ここで学んで書き足しましょう。

どの章から始めても構いません。知っている分野があれば取り組みやすいでしょう。自分が気になる記事があればぜひそこから読んでみてください。手を動かしてしっかり書き込みましょう。

目　次

第1章　新聞と社会福祉

記　事

リード

前文とも呼び、記事のポイントをまとめた文章。

虐待対策

児童相談所 介入に特化

厚労省委見解

「支援」は市町村へ

児童虐待の防止対策を協議する厚生労働省専門委員会のワーキンググループ（座長・奥山眞紀子国立成育医療研究センター副院長）は12日、児童相談所が担っている保護など強制措置を伴う「介入」と、親に対する「支援」の機能を分離し、支援機能は市区町村などに移行するとの見解をまとめた。虐待が増加の一途をたどる中、職員不足などにあえぐ児相の任務を介入機能に特化し、負担軽減を図る。（4、29面に関連記事）

関連記事の案内

関連した記事がほかの紙面に掲載されていることを知らせる。

児童虐待対策のポイント

- 児童相談所の機能は一時保護など強制措置を伴う「介入」に特化
- 親への「支援」機能は市区町村に分離
- 虐待通告を受けた機関が緊急性を判断し、警察や児相、市町村に対応を振り分ける
- 国家資格の専門職「子ども家庭専門相談員（仮称）」を創設
- 児童福祉司や児童心理司の配置基準を、事案への対応件数を踏まえた基準に改正
- 児童福祉法の対象を「18歳未満」から「20歳未満」に引き上げ

ワーキンググループの見解では、現在、児相が担当している虐待以外の養護相談や非行相談についても、別の機関に移行させる案が示された。支援機能の市町村などへの移行も含め、4年後の実施に向けて各自治体が具体的な在り方を検討するよう求めている。

一方、通告を受けて各機関に初期対応を振り分けた際には、期限を区切って初動調査を行うことや、過去の通告履歴を照会できるようにする、との考えも示された。

さらに、児相や市町村で虐待に関する通告を受けた初期対応のシステムについても協議。受理した機関が緊急性を判断し、内容に応じて警察や児相、市町村に対応を振り分ける仕組みが必要との考えも示した。

今回の議論を踏まえて専門委がさらに具体的な議論をし、年内に報告書を取りまとめる。その後、厚労省は児童福祉法や児童虐待防止法などの改正案を来年の通常国会に提出する方針だ。

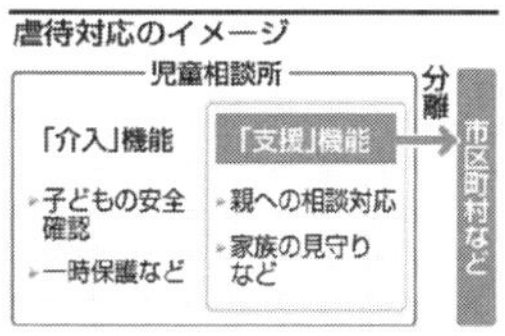

虐待対応や保護者への支援に当たる国家資格の専門職「子ども家庭専門相談員（仮称）」創設も提言。一定期間、児相などでの勤務経験があることなどを条件とし、運用開始まで2016年度から3年間の準備期間を設ける。

児相など各機関の児童福祉司や児童心理司の配置については、人口比に基づく現在の基準から、事案への対応件数を踏まえた新たな基準に改めることも求めている。

ほかに、児童福祉法の対象年齢を現行の「18歳未満」から「20歳未満」に引き上げるべきだとも指摘。18歳を超えても児童養護施設などで自立に向けた支援を受けられるようにすることが目的としている。

ズーム

児童相談所　児童福祉法に基づき、全ての都道府県と政令指定都市などに設置されており、現在は全国に208カ所ある。心理学や教育学を学んだ児童福祉司や児童心理司、一般行政職員がおり、18歳未満の子どもに関する虐待や育児不安、非行などの相談を受け、子どもを保護したり、親を指導したりする。学校や警察など関係機関からも相談を受けることがある。全国の児童相談所が2014年度に対応した虐待は約8万8千件。

用語解説

記事中の難しい用語や経過などを分かりやすく解説したコーナー。

出典：2015年11月13日山陽新聞朝刊（共同通信配信）

1．推測してみましょう・解説文を書いてみましょう

（1） 見出しだけを読んで、記事の内容を推測してみましょう。

（2） 「ズーム」にならって、大切と思う用語を３つ選び、解説文を書いてみましょう。

①

②

③

2. 記事本文を要約してみましょう

3. 解　説

（1） 新聞を活用して福祉を学ぶ

新聞は「社会を一覧するメディア」と言われます。事件や事故、政治、人の目をひくイベントや文化、スポーツの話題…。新聞は私たちが暮らす社会の日々の動きを幅広くセレクトし、朝刊では30ページほどの紙面に編集して読者のもとに届けています。新聞を広げると今社会で起きていること、人々の喜び、悲しみ、苦しみ、怒りが伝わってきます。みなさんが学ぶ「社会福祉」は、そんな人々が織りなす社会の現象に起点を置くものであり、そこから「健康で文化的な最低限度の生活を営む権利」（「憲法」第25条）を具体化する福祉の務めが動き出すのです。それゆえに社会福祉とは制度化されて終わりという静的なものでなく、社会の変化に応じて柔軟に姿を変えていくべきものです。

福祉を学ぶにあたって、まず社会の動き、人々の暮らしに関心を持ってほしいと思います。それには社会を一覧する新聞が役に立ちます。人として生まれたからには幸せな人生を送りたいものです。しかし、現実社会にはどんなに努力しても、人としてのささやかな望みさえかなわない境遇に置かれた人々がいます。新聞は社会に目をこらして、そんな助けを必要とする人たちがいることを伝える使命をもっています。

そうした事実が社会に広く知れわたると、政府や自治体、議会などに対して救済を求める動きが出てきます。新聞はそうした声を日々、拾い上げて伝えています。そして大勢の人の思いが一つになって政治を動かし、行政を動かすことができると救済策が現実のものになるのです。新聞紙面では、社会福祉の事業や制度が実現するまでのプロセスを続報や解説記事などで伝えています。制度ができあがってからも、不備があったり、機能が不十分であったりすれば、検証して記事にします。

このように見てくると、新聞は日々、福祉を学び、理解を深めるのに役立つ教材の宝庫といえます。ぜひとも有効活用していただきたいと思います。そのためには新聞の読み方、利用法を知っておく必要があるので、いくつか紹介します。

（2） 新聞の読み方

新聞記事は「見出し」「記事」「写真・図表」の大きく3つの要素で構成されています。見出しは記事のエッセンスをおおよそ8文字から12文字程度に要約し、見出しだけでこの記事の大意が分かるようにしています。記事の重要度などは活字のサイズの大小で表現しています。大きなニュース、関心を集める話題の記事には大きな見出しと大きな写真が配置されます。新聞には、短い時間ではとても読み切れないほどのたくさんの記事（ニュースや話題、生活情報など）が載っています。見出しは、効率的に重要な記事、これはと思う記事をチョイスして読むのにとても役に立つのです。

新聞を広げたら、まず見出しにざっと目を通してみましょう。社会福祉にかかわる記事も、見出しを追いかけることで容易に見つけることができるはずです。読みたい、読まねばならない記事が見つかったら、いよいよ読解です。見出しでざっと記事の大意をつかんでいるので、「なぜ、そうなのか」「具体的な内容は」「どうしてこんな表現になったのか」といった問いをもって読むことが、考える力を育むうえでも大切です。

記事の構造も内容を素早く理解するのに役立っています。新聞記事は内容の重要部分から順番に書いていく、いわゆる“逆三角形”の構造になっています。その典型が、記事の冒頭の段落を切り離して見出しの脇に配置する「リード（前文）」と呼ばれる文章です。ここには、いつ（When）、どこで（Where）、だれが（Who）、何を（What）、なぜ（Why）、どのように（How）からなるニュース記事の基本要素（5W1H）が載っています。見出しとリードを読めば必要最小限の内容を読み取ることができるのです。リードに続く段落では、より具体的な内容や背景などが書かれています。以上のような構造を知って、記事を読み進めてほしいと思います。

記事の種類についても知っておくとよいでしょう。ニュースの基本部分を扱うストレート記事、これまでの経過や背景など伝えて理解を深めてもらう解説記事、関係者の意見や考えをまとめた雑感記事、新聞社の意見を伝える社説などがあります。関連づけて読めば、ニュースを多面的に深く理解するのに役立つでしょう。

（3） 新聞の活用法

新聞記事を教材にして福祉を学ぶ際に役立つ活用法を紹介します。

① 「福祉記事スクラップブック」をつくろう

関心があったり、講義で学んだりした社会福祉に関する記事を見つけたら、切り抜いてノートやスクラップ帳に貼り付けましょう。社会福祉施策に直接関係していなくても、児童虐待や高齢者の暮らしに関すること、医療の問題、その他にも関心をもった記事はどんどん切り抜きましょう。

② 用語・数値データ集をつくろう

新聞記事は幅広い年代の人が理解できるように平易な表現を心がけているのですが、専門用語についてはそのまま使われていることが多いです。キーになる用語をノートに書き写して意味を調べて記入しましょう。その際に役に立つのが用語を解説した小さな記事で、山陽新聞では「ズーム」という名称で掲載されています。収集した用語が増えると、ミニ福祉用語辞典になるはずです。基礎的な数値データもノートに書きとめ、覚えてしまいましょう。例えば2013（平成25）年度の国民医療費は40兆円610億円で、国民一人あたりにすると31万4,700円になります。国全体の福祉財政のボリュームを知っておくことも大切です。

③ 調べてみよう

スクラップブックを読み返し、その中で最も関心を抱いた記事の内容をもっと詳しく知るために調べてみましょう。その近道となるのが、関連する記事を過去にさかのぼって探し出すことです。大学の図書館や岡山県立図書館などにある新聞記事データベース（山陽新聞社総合データベース『サンデックス』など）を利用して、関連記事を探し出し、時系列に沿って読み込みましょう。ここまでくれば研究テーマと言えるくらいまで関心が高まり、知識も増えているはずです。教員の指導を得ながら専門書をひもとき、必要に応じて福祉の現場へ出向いたりして理解を深めることができれば、福祉を学ぶ学生として素晴らしいことであり、その手法はどんな分野の職業についても役に立つはずです。

（佐々木善久）

記 事

ハンセン病隔離 違憲

熊本地裁初判決

国に18億円賠償命令

国会も法改正怠る

「ハンセン病国家賠償訴訟」の勝訴判決に喜ぶ原告団や支援者ら＝11日、熊本地裁前

らい予防法（一九九六年廃止）に基づく隔離政策で基本的人権を侵害されたとして、ハンセン病の元患者ら百二十七人が国に一人当たり一億千五百万円、総額約百四十六億円の賠償を求めた「ハンセン病国家賠償訴訟」（一次－四次提訴）の判決で、熊本地裁は十一日、らい予防法の強制隔離規定について「一九六〇年には違憲性が明白だった」として、国に総額約十八億二千万円の支払いを命じた。（2、3、6、38、39面に関連記事）

ハンセン病国賠訴訟の初の判決。国会の立法不作為も認定、隔離政策を否定した判決は、元患者らの救済に向けた画期的な判断。熊本地裁のほか、東京、岡山両地裁で係争中の訴訟や元患者らの処遇改善に大きな影響を与えそうだ。

判決理由で杉山正士裁判長（異動のため永松健幹裁判長代読）は「医学的知見を総合するとハンセン病は遅くとも六〇年以降には隔離政策が必要な疾患ではなかった」と認定し「重大な人権の制約を強いる隔離の必要性は失われ、厚生省（当時）はこの時点で隔離を抜本的に変更する必要性があったのにこれを怠った」と指摘。

九六年まで同法を廃止しなかった国会の責任についても「らい予防法の隔離規定は五三年の制定時から公共の福祉による合理的な制限を逸脱していた」と指摘、「六〇年には隔離規定が人格権を定めた憲法に違反することは明白で、遅くとも六五年以降には隔離規定を改廃しなかった立法上の不作為の違法性を認めるのが相当」と述べた。

判決は人権侵害の実態について、らい予防法の「勧奨による入所」は「任意とは認めがたい」と強制入所があったとし、堕胎などの優生手術も「非人道的取り扱い」と非難。「被害は極めて長期間で、身体、家族関係など多種多様な社会生活全般に及び、共通の被害を包括して慰謝料として賠償の対象とすることは許される」と、原告の「包括一律請求」を採用した。

その上で「隔離の被害」と「社会から差別・偏見を受ける地位に置かれた精神的損害」の二点を「社会で平穏に生活することを妨げられた共通の損害」と判断。

一方で、法廃止前後の国の処遇改善努力などを考慮し、元患者一人当たりの慰謝料を入所の時期や期間に応じ、一千四百万－八百万円とした。

また「違法行為が終わったのは法廃止時」との判断を示し、国側が主張した請求権が消滅する除斥（じょせき）期間の適用を否定した。

判決骨子

一、国は原告らに対し総額十八億二千三百八十万円を支払え

一、遅くとも一九六〇年以降においては、ハンセン病患者について隔離の必要性が失われており、隔離政策の抜本的な変換を法廃止まで怠った厚相の職務行為に国家賠償法上の違法性と過失がある

一、らい予防法の隔離規定は遅くとも六〇年には違憲性が明白で、遅くとも六五年以降に規定を改廃しなかった国会議員の立法上の不作為につき、国家賠償法上の違法性、過失がある

一、除斥期間の起算点は、違法行為が終了した法の廃止時

ハンセン病国家賠償訴訟 元ハンセン病患者ら十三人が一九九八年七月、らい予防法（九六年廃止）に基づく国の強制隔離政策は違憲として、一人当たり一億千五百万円の国家賠償を求め熊本地裁に提訴。東京、岡山地裁でも同種訴訟が起こされ、三地裁の原告数は七百七十九人に達し、全国統一の原告団も結成された。根強い偏見から、HIV訴訟と同様、匿名裁判になった。

除斥期間 権利関係を一定期間に確定させるため、法律が定めた権利の存続期間。期間内に権利を行使しなければ自動的に、その権利は消滅してしまう。民法七二四条後段は「不法行為の時から二十年を経過すれば、損害賠償請求権が消滅する」と規定しており、最高裁第一小法廷が一九八九年、この規定を除斥期間であると初めて明確にした。

全面勝訴と評価

ハンセン病国賠訴訟原告弁護団の話 判決は元患者らが「人間回復」を図る上で画期的な出来事だ。ハンセン病政策の犯罪性の実態を正しく把握し、この政策と「らい予防法」が明白に違憲であることなども明言しており、原告側全面勝訴と高く評価できる。国はいたずらに控訴せず、判決に服するべきだ。解決の引き延ばしは、原告から司法救済を受ける権利を奪う新たな犯罪となる。この判決に基づき、国の責任を前提とする全面解決を早期に実現するよう全力を傾注する。

厚労省「厳しい」

ハンセン病訴訟の判決を受けて厚生労働省は十一日、「国側にとって大変厳しい判決であると受け止めております。今後、判決の内容を詳しく検討し、関係省庁とも協議の上、対応を決めたいと考えております」とする篠崎英夫健康局長のコメントを発表した。

出典：2001年5月12日山陽新聞朝刊（共同通信配信）

1. 用語を調べましょう

（1） ハンセン病と隔離政策について調べてみましょう。

（2） 国の隔離政策を違憲と判断した熊本地裁判決（2001 年）について調べてみましょう。

（3） メディアの役割について調べてみましょう。

2. 記事を読んで、感想をまとめてみましょう

3. 解　説

（1） ねらい

私たちは「日本国憲法」の基本原理の一つに「基本的人権の尊重」があることを知っています。人として生まれたからには自由でありたい。自由に職業を選び、住みたいところに住み、自由に考えて表現する…。あまりにも当然の権利です。それが踏みにじられたのが、ハンセン病患者の隔離政策でした。この問題を取り上げた新聞記事の読解と研究を通じて、福祉とは呼ばれても、人権に制約を強いることもある「公共の福祉」と、チェック機能としてのメディアの役割について学んでもらいたいと思います。

（2） 公共の福祉と厳格運用

ハンセン病は古くから知られ、恐れられた感染症です。皮膚がただれたり体が変形して障害が残る恐れもありますが、感染力は極めて弱いのです。「明治憲法」下の1931（昭和6）年に旧「らい予防法」が制定され、「日本国憲法」の公布後も1996（平成8）年に法律が廃止されるまで、患者は国立療養所に強制隔離されました。

その根拠となったのが、「公共の福祉」です。人権は尊重されるべきものですが、無制限ではありません。「公共の福祉に反しない限り、立法その他の国政の上で、最大の尊重を必要とする」（第13条）とあるように、「憲法」は他の人権との調整の余地を認めています。隔離は感染を防ぐという公共の福祉から引き出された政策です。

しかし、それはあくまで必要最小限に限定してのもので、極めて厳格で慎重な運用が求められます。ここがなおざりにされると、重大な人権侵害を引き起こすことになるのです。戦前、戦後を通じてハンセン病患者に対してなされたことは、過酷なものであり、公共の福祉による人権制限の限度を超えて患者の人権を踏みにじりました。

（3） チェック機能

ハンセン病は1943（昭和18）年に米国で治療薬が開発されました。もともと感染力のきわめて弱い疾患であり、隔離の必要性は失われていき、患者団体は隔離政策の廃止を訴える運動を起こしました。国がそれを認めて「らい予防法」を廃止したのは1996（平成8）年です。元ハンセン病患者らが「隔離により基本的人権を侵害された」として国家賠償訴訟を提起した熊本地裁は2001（平成13）年、「1960年には違憲性が明白だった」との判決を下し、立法府である国会の責任も認めました。なぜ、少なくとも36年間にわたって違憲状態が続き、患者たちは人権を蹂躙されなければならなかったのでしょうか。立法府、行政府、そしてチェックを役割とする新聞（＝メディア）は何をしていたのか。厳しく検証されねばなりませんし、教訓を引き出して血肉化していかねばなりません。

福祉という用語からは「幸せな生活」「健康な暮らし」を目指す政策群が思い浮かびますが、集団概念へと結びついて語られる福祉もあります。その一つが「公共の福祉」であり、それは慎重にも慎重にかつ厳格に適用し、チェックがなされないと大変なことになります。これからも新聞記事などを通じて学び、理解を深めてもらいたいと思います。

（佐々木善久）

第2章　社会福祉とは

記　事

出生率 1.8 表現を変更　長期ビジョン案「目指すべき」削除

日本の人口の将来展望を示す政府の「長期ビジョン」案の全容が 21 日、明らかになった。女性が生涯に産む子どもの数を推計した合計特殊出生率（2013 年 1.43）を 1.8 程度に引き上げることを「まず目指すべき水準」とした原案の記述は消除し、「若い世代の結婚・子育ての希望が実現すれば、1.8 程度に向上する」との表現にとどめた。

出生率の数値目標と捉えられ、個人にプレッシャーを与えるとの反発に配慮したとみられる。人口減少対策の 5 カ年計画「まち・ひと・しごと創生総合戦略」とともに 27 日に決定する。

ビジョン案は、日本の人口は 08 年を境に減少局面に入っており、このまま人口急減が続くと、40 年代には毎年 100 万人のスピードで減少すると分析。経済規模の縮小や生活水準の低下を招き「究極的には国の持続性すら危うくなる」と警鐘を鳴らした。

出生率 1.8 は経済協力開発機構（OECD）加盟国の半数近くが実現している水準と指摘。30 年に 1.8 程度、40 年に人口維持に必要とされる 2.07 程度に上昇すると仮定すれば、60 年の人口は政府目標である 1 億人を超え、90 年ごろには人口 9 千万人で安定するとの見通しを示した。

人口安定に加え、生産性の向上を図れば、50 年後の実質国内総生産（GDP）の成長率は 1.5 ～ 2.0%を維持することが可能であるとした。

また、総合戦略案は、20 年までの 5 年間で、農林水産業の活性化や外国人旅行者誘致による観光振興を通じ、地方で 30 万人の若者の雇用を生み出す目標などを盛り込む。

出典：2014 年 10 月 22 日共同通信

1．言葉を調べましょう

（1）合計特殊出生率の意味とその要因を説明してみましょう。

（2）「まち・ひと・しごと創生総合戦略」とは何かを説明してみましょう。

（3）経済協力開発機構とは何かを説明してみましょう。

（4） 実質国内総生産（実質 GDP）とは何かを説明してみましょう。

（5） おもなわが国の「少子化対策」を調べてみましょう。

2. この記事を読んだ感想をまとめてみましょう

3. 社会福祉のポイント

（1） 社会福祉とは

1950（昭和25）年に、社会保障制度審議会が社会福祉の概念を、次のように規定しています。すなわち、「社会福祉とは、国家扶助の適用を受けている者、身体障害者、児童その他援護育成を要する者が自立してその能力を発揮できるよう、必要な生活指導、更生補導その他の援護育成を行うことである」です。

この概念は、狭義の社会福祉の概念であり、おもに対人援助を示したものです。特にこの概念は、社会福祉の第一線機関である「福祉事務所」の業務の対象になっています。

また、私たちが生活するうえで、生活問題が発生したときには「年金」「医療」「介護」「生活保護」「子育て支援」「雇用対策」「住宅対策」等の制度が対応します。基本は、「社会保険制度」が中心です。これを「広義の社会福祉」と言います。

（2） 社会福祉の理念

「憲法」第25条（生存権）の規定により、私たちはどのような原因の生活困難を有していても、人間らしく生活する権利が保障されています。同条1項には健康で文化的な最低限度の生活を営む権利を規定しています。また、戦後から今日までのおもな社会福祉の理念として「ノーマライゼーション」「インテグレーション」「インクルージョン」等が有名であり、地域の中で誰もが自分らしい生活を送ることができるよう、住宅、医療、教育、就労、娯楽等の環境を整備することが重要とされています。

（3） 少子高齢化の現状と課題

わが国は少子化と高齢化が同時に進んでいます。出生数が減り、死亡者が増加しているので人口は減少しています。このような状況では、年金、医療、介護等の社会保障の維持ができません。団塊の世代が全て75歳になる2025年には、医療、介護等が維持できなくなるかもしれないという2025年問題が差し迫っています。

4. 解　説

（1） 合計特殊出生率の意味と要因

合計特殊出生率とは1人の女性が一生涯に産む子どもの人数です。2016（平成28）年現在、1.44です。この人数は世界的にも低く、先進国の中ではワースト国になっています。合計特殊出生率が2.08人を切ると人口が減少します。2017（平成29）年10月現在わが国の人口は約1億2,652万人ですが、2060年には約8,674万人、2110年には約4,300万人になるという国の推計値があります。要因として「晩婚化、非婚化」や「教育費、子育て費用の増大」「女性の高学歴化」「女性の社会参加の増加」等が考えられます。

（2）「まち、ひと、しごと創生総合戦略」

2014（平成26）年12月に「まち、ひと、しごと創生法」が制定されました。東京の一極集中を是正し、地域が住みやすくなるような施策を講じ、活性化をはかることを目指しています。この戦略では、国が創生に関する目標や施策に関する基本方針を定めます。自治体は、これを参考に地域にあった目標、計画、施策を講じることになっています。

（3） 経済協力開発機構（OECD）

経済協力開発機構（Organisation for Economic Co-operation and Development）は国際経済について協議することを目的にした国際機関であり、現在34か国が加盟し、本部はフランスのパリに置かれています。

（4） 実質国内総生産（実質GDP）

一定期間に国内で生産した商品、サービスの総合計額を国内総生産（GDP：gross domestic product at constant price）と言います。物価の変動を考慮したものを実質国内総生産といいます。これは、経済の状況を見る指標として位置づけられています。

（5） おもなわが国の「少子化対策」

現在人口が急激に減少しているため、国は2003（平成15）年に「少子化社会対策基本法」を制定し、国、自治体が「少子化対策」を講じることを明らかにしました。さらに、同年制定された「次世代育成支援対策推進法」によって、企業等にも行動計画を立てることを義務付けました。例えば、企業内に託児所を創設したり、育休の代替要員を確保するなど、子どもを増やすための施策が講じられています。

具体的な「少子化対策」として、「婚活」支援、保育所の整備・充実、児童手当の拡充、不妊治療の公費助成等多岐にわたる課題があります。

消費税増税の一部を財源に、2015（平成27）年4月から「子ども子育て新システム」が実施され、例えば保育所と幼稚園を一体化した「認定子ども園」が拡大されています。

（松井　圭三）

記　事

山陽時評

支援策通じ地域創生

若い世代のローカル志向

千葉大法政経学部教授
広井　良典

ひろい・よしのり　１９６１年岡山市生まれ。東京大大学院修了。厚生省（現厚生労働省）勤務を経て、96年千葉大法経学部助教授、２００３年同教授、14年から現職。著書に「コミュニティを問いなおす」（大仏次郎論壇賞）、「ポスト資本主義」など。

「地方創生」に関する関心が高まっている。この言葉には「中央と地方」という〝東京中心〟的な発想がなお垣間見られるので、むしろ「地域創生」と言ったほうが適切かとも思うが、ともあれ地域への関心が強まっているのはよいことだろう。

そうした関連で、７月に東京都の荒川区で行われた「地方創生実践塾」（地域活性化センター主催）という2日間にわたる研修に主任講師として参加する機会があった。荒川区は数年前から「ＧＡＨ（グロス・アラカワ・ハピネス＝荒川区民総幸福度）」という区政の目標を掲げ、そこに住む人々の幸福度が高いことが「地域の豊かさ」であるとの考えのもとでさまざまな政策を進めている。研修には全国各地から自治体、ＮＰＯ関係者などが参加したが、こうした荒川区の取り組みが関心を集めるようになっているのは、そもそも「地域の豊かさ」とは何か、どのような地域をつくっていくことが人々の「幸せ」につながるのかといった問いを、多くの人が新たな視点で考えるようになっているからだろう。

他方、今年に入って4月と7月に、ＮＨＫ秋田放送局の「人口減少」に関する企画番組の関係で秋田県に行く機会があった。周知のように秋田県は人口減少の度合いが全国一で、しかも現在そして２０４０年のいずれにおいても高齢化率が1位という県である（２０４０年での高齢化率は43・8％で、ちなみに岡山県は34・8％。国立社会保障・人口問題研究所推計）。

このように記すと秋田県が直面している状況は悪条件ばかりのように見えるが、しかし関連のデータを調べていくと、さまざまな〝希望〟も存在していることがわかってきた。それは、秋田県の人口がもっとも減少していたのは実は昭和30～40年代の高度成長期であり、当時こそ東京などへの若者の人口流出が多く（集団就職など）、しかし近年ではそうした流出（人口の社会減）は大幅に少なくなっているという事実である。言い換えれば、秋田県が直面しているのはいわば〝高度成長期の負の遺産〟であり―高度成長期に秋田に残った高齢層が年をとる中で高齢化や人口の自然減が生じている―、現在進行中の新たな傾向としては、むしろ若い世代の間で「地元回帰」の動きが広がっているのである。ＮＨＫ秋田の番組の中ではこれを〝秋田回帰〟と呼んでいた。

こうした若い世代の地元志向あるいは「ローカル志向」は、私も大学のゼミの学生などを見ていてここ数年痛感してきたことである。高度成長期あるいは人口・経済の拡大期においては、世の中がすべて一つの方向に向かって動くように考えられるので、〝東京は進んでいる―地方は遅れている〟〝アメリカは進んでいる―アジアは遅れている〟といった具合に、あらゆる地域が「進んでいる―遅れている」という時間軸の中で位置づけられてしまう。しかし現在の日本が迎えつつある人口減少期あるいは成熟社会においては、そうした一元的な時間軸は後退し、むしろそれぞれの地域がもつ個性や固有の「豊かさ」、その多様性に人々の関心が向かっていく。いわば〝地域への着陸〟の時代であり、若い世代のローカル志向はこうした時代の構造変化に背景をもっていると考えられる。

ただしここには注意が必要で、若者のローカル志向といっても実際には雇用、住宅、生活保障などさまざまなハードルがあり、種々の公的支援策が重要になってくる。データを調べて少し驚いたのだが、都道府県の中で「上位2都市への人口集中度」は、岡山県は京都府に次いで全国2位だった（岡山・倉敷両市への集中）。ある種の〝ミニ東京化〟現象とも言え、これは県全体の人口バランスや各地域の持続可能性、あるいは「都市と農村の持続的な相互依存」という観点からは望ましいとは言えないのではないか。たとえば「地域おこし協力隊」の岡山県独自版や、大学を含む各種教育機関の配置、住宅・子育て・起業支援など、今こそ若い世代のローカル志向を支援するような政策が求められている。

出典：2015年9月6日山陽新聞朝刊

1．言葉を調べましょう

（1） NPOとは何かを説明してみましょう。

（2） 高齢化率とは何かを説明し、わが国の高齢化の現状と特徴を調べてみましょう。

（3） 成熟社会とは何かを説明してみましょう。

（4） 高度経済成長期とは何かを説明してみましょう。

（5） おもな高齢化対策を調べてみましょう。

2. この記事を読んだ感想をまとめてみましょう

3. 解　説

（1） NPO

NPOは、Nonprofit Organizationの略であり、1998（平成10）年に「特定非営利活動促進法」の施行により、創設されました。「非営利」で「法人格」を持っているので、銀行口座の開設や事務所の賃貸契約、不動産登記等の法律行為を行うことができます。さらに、税金の減免等のメリットがあります。本来は、国や自治体が行う支援、援助に代わり、法律、制度が及ばない社会問題に関して活動することができます。特定非営利活動は、保健・医療又は福祉の増進を図る活動等20分野の活動に寄与できることが規定されています。

最近では、認定NPO法人が規定されました。NPO法人のなかでも公益性の高い団体は、所轄庁（都道府県知事・政令指定都市市長）が認可し、さらなる税制の優遇を受けることができます。例えば、個人が認定NPO法人に寄付をした場合には、「寄附金控除」が受けられます。

（2） 高齢化率とわが国の高齢化の特徴

高齢化率とは、全人口の中で65歳以上の者がいくら占めるかを表すものです。内閣府によれば、2016（平成28）年10月に65歳以上の者は約3,459万人で高齢化率は27.3%です。総務省推計では、65歳以上は前年より約72万人増えました。

わが国の高齢化の特徴に、高齢化速度が速いことがあります。世界一のスピードです。例えば高齢化率7%の段階で高齢化社会と言いますが、わが国は1970（昭和45）年に到達しています。そして14%の段階にかかった社会は高齢社会と言います。日本は1994（平成6）年に到達しており、かかった年数は24年間です。他の先進諸国をみると50年以上の時間がかかっており、きわめて速い時間で高齢社会になっています。なお、現在は高齢化率21%を超えているので、わが国は「超高齢社会」になっています。

その他の特徴として、高齢者が高齢者を介護する「老々介護」があります。また75歳以上の高齢者が増えており、現在約1,637万人存在し、これからも増加します。ゆえに「年金」「医療」「介護」等の制度の維持がこれから困難となり、社会問題となっています

（3） 成熟社会

イギリスの物理学者ガボールが説いたものであり、現在の経済成長は、いつかは限界が来ることを予言し、消費社会と決別し、精神的豊かさや生活の質の向上を図ることを重要としました。わが国も戦後、経済一辺倒の政策が推し進められてきたことで、国民の生活が置き去りにされ、貧困問題や年金、医療、介護、子育て等の課題が山積し、現在の社会問題となっています。

（4） 高度経済成長期

1960年代、わが国の経済成長は10%を超え、産業化、工業化が進展しました。それゆえに国民に占める雇用者の割合が激増し、いわゆるサラリーマン層が台頭し、中間層が大きくなった時代です。特に重化学工業が進展し、鉄鋼、自動車、石油化学、機械等は輸出が増加し、内需も好調であったため、国民の所得も増大しました。この時期に「白黒テレビ、冷蔵庫、洗濯機」が三種の神器といわれ国民に普及したのは有名です。

（5） おもな高齢化対策

1995（平成7）年に「高齢社会対策基本法」が制定されました。その後、1999（平成11）年に改正されています。この法によれば、高齢化対策は国、地方公共団体が実施する義務を負っています。また、国民は自らの高齢期において健やかで充実した生活を営むことができるよう努力義務が規定されています。

具体的には、国、地方公共団体は高齢化対策として就業及び所得、健康及び福祉、学習及び社会参加、生活環境の施策を講じなければならないとされています。

この施策のおもな法制度として、「高齢者の雇用安定法」「年金法」「介護保険法」「医療保険法」「社会教育法」「住まい法」等の体系をあげることができます。

（松井　圭三）

第3章　社会福祉の歴史

記　事

障害者への差別なくそう　千葉県、全国初の条例化へ

千葉県は22日、障害者差別をなくすための条例の要綱案を発表した。「障害を理由にサービスの提供を拒否する」など、なくすべき差別を挙げ、悪質なケースは是正勧告や事案を公表するとしている。

県によると、差別を禁止する法律は世界40カ国以上にあるが、日本では障害者基本法で理念を示しているだけで、障害者差別撤廃目的の条例は全国初という。

早ければ来年2月議会に提案し、10月施行を目指す。

要綱案によると、なくすべき差別を「手話による授業を提供できないとの理由で大学が不合格になった」など、県民から寄せられた約800件の事例を基に検討。教育、雇用、不動産取引など8分野を挙げ、障害を理由とした差別を禁じている。

出典：2005年12月22日共同通信

1．言葉を調べてみましょう

（1）国際障害者年について調べましょう。

（2）「障害を持つアメリカ人法」は何でしょうか。

（3）「障害のある人もない人も共に暮らしやすい千葉県づくり条例」を調べましょう。

（4）「障害のある人もない人も共に暮らしやすい千葉県づくり条例」制定後の動向を調べましょう。

2．この記事を読んだ感想をまとめてみましょう

3. 解　説

（1）国際障害者年

国際障害者年とは、国際連合が制定した国際年の一つで1981（昭和56）年を指します。障害者の社会生活の保障・参加のための国際的努力の推進を目的として、1976（昭和51）年の第31回国連総会で決定されました。テーマは「完全参加と平等」です。国連は1971（昭和46）年「精神薄弱者の権利宣言」、1975（昭和50）年「障害者の権利宣言」を採択し、単なる理念としてだけではなく、社会において実現するという意図のもとに「障害者は、その社会の生活と発展に全面的に参加し、他の市民と同様の生活条件を享受し、生活条件向上の成果を等しく受ける権利を持つ」と決議され、下記の施策について国際的な取り組みが行われました。

1）障害者が身体的にも精神的にも社会に適応することができるように援助すること。
2）適切な援助、訓練、医療及び指導を行うことにより、障害者が適切な仕事につき、社会生活に十分に参加できるようにすること。
3）障害者が社会生活に実際に参加できるように、公共建築物や交通機関を利用しやすくすることなどについての調査研究プロジェクトを推進すること。
4）障害者が経済的、社会的及び政治的活動に参加する権利を有していることについて一般国民の理解を深めること。
5）障害の発生予防対策及びリハビリテーション対策を推進すること。

さらに1982（昭和57）年12月の第37回総会では、国際障害者年の趣旨を具体的なものとするため、「障害者に関する世界行動計画」を採択するとともに、1983（昭和58）年から1992（平成4）年までを「国連・障害者の十年」と定め、この間における各国での積極的な障害者対策の推進を提唱しました。

（2）「障害を持つアメリカ人法」

「障害を持つアメリカ人法」（ADA）は、HIV感染者を含むすべての障害者に対するあらゆる差別を禁止し、社会参加の促進をはかることを目的として1990（平成2）年7月に成立しました。この法律は、人種、性別、出身国、宗教による差別禁止を定めた「公民権法」（1964（昭和39）年）と同様に差別からの保護を障害者に与えたものと評価されます。また連邦政府による障害者差別の禁止を規定したリハビリテーション法（1973（昭和48）年）をさらに発展させ、障害を持つ人が米国社会に完全に参加できることを保障したものです。雇用、交通、建築、通信などの民間の建物や事業・サービスまで、障害者の差別に関する項目を具体的に規定し、その禁止に対応策等も含まれる世界でも初めての画期的な法律です。「障害を持つアメリカ人法」は、国連の障害者権利条約にも大きな影響を与えました。

（3）「障害のある人もない人も共に暮らしやすい千葉県づくり条例」

「障害のある人もない人も共に暮らしやすい千葉県づくり条例」は、障害に対する誤解や偏見を解消するとともに、日々の暮らしや社会参加を妨げているハード・ソフトのバリアを解消することにより、誰もが暮らしやすい社会づくりを進めるために制定された障害者差別をなくすための我が国で初めての条例です。ここに取り上げた新聞記事では、「条例化へ」とありますが、この条例は2006（平成18）年10月11日に成立し、2007（平成19）年7月1日に施行されました。条例は、3つの基本的理念と、障害者の差別として①不利益的取り扱い、②合理的な配慮の欠如の２つの類型を定めています。不利益的取り扱いの内容としては、福祉サービス、医療、雇用、建物及び交通アクセス、不動産取引、情報の提供などを挙げています。また、障害者差別をなくすための①解決、②議論、③応援の３つの仕組みも定めています。

（４）「障害のある人もない人も共に暮らしやすい千葉県づくり条例」制定後の動向

わが国では、「障害のある人もない人も共に暮らしやすい千葉県づくり条例」が成立、施行されるまで、国レベルでも自治体レベルでも障害者差別を具体的に禁止する法制度は存在しませんでした。わが国に対して、国際連合の社会権規約委員会が 2001（平成 13）年に差別禁止法を制定するよう勧告を行っています。そのような状況のなかで、2006（平成 18）年 12 月、第 61 回国連総会において「障害者権利条約」が採択されました。わが国の署名は、2007（平成 19）年９月 28 日でした。2008（平成 20）年４月３日までに 20 ヵ国が批准し、同年５月３日に条約が発効しました。日本政府も当初、すぐに条約を批准しようとしましたが、批准に向けた国内の法整備が不十分だと障害当事者各団体からの指摘を受け、政府は「障害者基本法」改正や「障害者差別解消法」の成立などの条約の批准に向けた準備を進めました。その結果、ようやく国内の法律が条約の求める水準に達したとして、2013（平成 25）年 12 月４日、参議院においても条約の批准が承認されました。日本国の批准は 2014（平成 26）年１月 20 日付けで国際連合事務局に承認され、同年２月 19 日に発効しています。この条約は、自由権と社会権をまとめたもので、「合理的配慮」の考え方を取り入れているところに特徴があります。2016（平成 28）年４月１日には「障害者差別解消法」も施行されました。各分野において、差別解消にむけた具体的な取り組みが始まっています。その流れを受けて、現在各自治体においても差別禁止条例の制定が進められています。

（小出　享一）

参照

千葉県のホームページ https://www.pref.chiba.lg.jp/shoufuku/shougai-kurashi/jourei/index.html

記　事

傷痍軍人会が解散へ　会員数減少、高齢化で

日中戦争や太平洋戦争などで負傷した元軍人らでつくる財団法人日本傷痍軍人会（日傷）が、会員数の減少と高齢化で組織活動が困難になったとして、来年11月に解散する方針を決めた。各都道府県の傷痍軍人会でも同様の動きが相次いでいる。

日傷は1952年11月に設立、55年2月に財団法人に移行した。傷痍軍人の処遇改善などを国に働き掛けてきたほか、会員の相互援助や生活相談に取り組んできた。

財団法人に移行した段階では約35万人だった会員は本年度で5,100人にまで減少、平均年齢も91歳を超えた。

奥野義章会長は「会員の高齢化が進み、組織活動が容易ではない。けじめをつける時だと判断した」としている。来年10月に東京都内で記念式典を計画している。

国が日傷に運営を委託し、戦傷病者の史料を展示する「しょうけい館」（東京）は委託先を変更して存続させるという。

地方組織では既に三重、佐賀が解散済み。青森、福島、大阪、兵庫、沖縄などは解散を決定したが、長崎は「会員がいる間は活動を続ける」として存続を決めている。

出典：2012年9月8日共同通信

1．言葉を調べてみましょう

（1） 傷痍軍人と日本傷痍軍人会について調べてみましょう。

（2） 戦争と社会福祉にはどのような関係があるか調べてみましょう。

（3）「身体障害者福祉法」と「障害者雇用促進法」を調べましょう。

2. この記事を読んだ感想をまとめてみましょう

3. 解　説

（1） 傷痍軍人と日本傷痍軍人会

傷痍軍人は、戦争で戦傷を負った軍人のことで、戦いに従軍し戦傷した結果、国家補償の対象となっている点で一般の障害者とは異なる存在です。日本では、1875（明治 8）年に「陸軍扶助概則」を施行し、傷痍軍人対策が図られました。しかし日露戦争後に大量の傷痍軍人が出現して大きな社会問題となり、国家による軍事援護制度が本格的に整備されることとなりました。特に第一次世界大戦以降は、戦車・航空機・化学兵器などの出現によって、必然的に大量の戦死傷者を生みだしました。また日華事変や太平洋戦争においても多くの軍人が戦死、あるいは傷痍軍人となりました。戦時体制下において、傷痍軍人は「名誉の負傷」と呼ばれ、軍人傷痍記章着用などの恩恵を許されました。そして傷痍軍人の身辺の世話や援助は、その家族・親族、地域住民によって自主的に行われ、国民や地域社会の尊敬を受けました。傷痍軍人は国民の戦意高揚のために利用された存在でもありました。

しかしポツダム宣言による第二次世界大戦の終戦後は、「非軍事化」を掲げた連合国の占領下で軍事援護の廃止による恩給の打ち切り、傷痍軍人に対する国民の社会的援助や支援の衰退もあり、傷痍軍人は、社会の最貧層に転落し、社会から疎外される存在となりました。

「サンフランシスコ講和条約」発効による日本の主権回復後は、傷痍軍人の支援に改善がなされ、厚生省のもとで軍人恩給やその他の補償がなされるようになりました。また 1952（昭和 27）年設立の財団法人日本傷痍軍人会を中心として、各地に傷痍軍人会が設立され、国に対して傷痍軍人の名誉回復や処遇改善の働き掛け、会員相互の生活援助や生活相談、福祉増進を図る事業が展開されました。

21 世紀となって、最も多い時で 35 万人いた会員も死亡と高齢化により 5,000 人に減少、平均年齢も 90 歳を超え、組織活動が困難になったとして 2013（平成 25）年 11 月 30 日をもって日本傷痍軍人会は結成 60 周年で解散しました。傷痍軍人会の全国及び地方組織の解散は、日本に戦争がない平和であることの証でもあります。

（2） 戦争と社会福祉

日本の社会福祉・障害者福祉の源流は、1931（昭和 6）年の満州事変から 1945（昭和 20）年の太平洋戦争敗戦までの 15 年戦争の過程のなかに見ることができます。社会保障や社会福祉は、富国強兵や戦争遂行のための国民への「安心・安全装置」として講じられました。また厚生省も日華事変の遂行をスムーズに進めるために設置されました。それらは戦争遂行のための国民に対する必要な措置でした。現在の年金制度及び保険制度の原型は、この時期に形成されたといえます。社会福祉・障害者施策も傷痍軍人や戦傷病者に関することが中心であり、一般の障害者についての対策は特に講じられませんでした。政府は戦争の遂行にあたって、社会福祉や恩給などの社会保障を充実させなければ、国民の理解を得て、国民を安心させて戦争に動員することができなかったのです。戦争により、社会福祉制度が充実したという見方もできます。

軍人の援護に対するものを「軍事援護」といい、①入営もしくは応召した軍人およびその留守家族に対する援護、②傷痍軍人およびその家族に対する援護、③戦没者遺族に対する援護、④帰還軍人およびその家族に対する援護がありました。傷痍軍人の援護については、恩典および優遇、軍事扶助、医療保護、職業保護、傷兵院における収容保護、金融および負債整理、慰藉などの精神的援護、労力・奉仕的援護、身上相談などが行われました。また傷痍軍人の職業対策については、職業補導所を設置し、各地方にも傷痍軍人職業補導所が置かれました。

また戦争遂行のために国民や労働者の健康や生活の保障と向上を目指すこととされましたが、そのことを実現するために、社会保険制度の導入が図られました。1938（昭和13）年には、「国民健康保険法」が成立、1941（昭和16）年に「労働者年金保険法」が成立しました（1944（昭和19）年に「厚生年金保険法」と改正改題）。

（3）「身体障害者福祉法」と「障害者雇用促進法」

「身体障害者福祉法」は、身体障害者の自立と社会経済活動への参加を促進するため、身体障害者を援助し、および必要に応じて保護し、もって身体障害者の福祉の増進をはかることを目的とする法律で1949（昭和24）年に制定されました。戦後の身体障害者は、障害原因から傷痍軍人、戦災者、一般障害者の3つに分類できますが、戦争犠牲者援助、なかでも傷痍軍人についての救済は、軍国主義の根絶を目指すGHQの非軍事化と無差別平等の原則もあり、救済できずに放置されたままでした。GHQから傷痍軍人を「優先的に保護してはならない」と通達されていたのです。そのため、傷痍軍人救済を早急に行うために制定されたのが、「身体障害者福祉法」でした。障害のために職業能力が損傷されている面を補ってその自力による更生を援護することを主とし、更生に必要な限度で保護を行うこととされ、法律の対象としては、視力障害、聴力障害、言語機能障害、肢体不自由（肢切断を含む）、中枢神経機能障害の5種とし、精神障害者は加えないとしていました。対象年齢は18歳以上とし、もはや職業活動の必要ない者、職業活動能力がもはや問題にならない者は除外されました。つまり経済的・職業的自立可能な傷痍軍人や軽度の障害者が対象であり、重度身体障害者や内部障害、知的及び精神障害者は法律の対象外とされたのです。

「障害者雇用促進法」（障害者の雇用の促進等に関する法律）は、障害者の雇用と在宅就労の促進について定めた法律です。経済的・職業的自立可能な傷痍軍人や軽度の障害者に対して、1949（昭和24）年に「身体障害者職業安定要綱」を定め、同年10月に制定されていた「職業安定法」に基づき、公共職業安定所における職業指導・職業紹介、公共職業補導所・身体障害者職業補導所における職業補導（職業訓練）等の職業援護対策を講じました。1952（昭和27）年には、身体障害者雇用促進対策を推進するにあたっての重要事項を審議するための機関として「身体障害者雇用促進中央協議会」が労働省に設置され、「身体障害者職業更生援護対策要綱」が策定されました。身体障害者の雇用については、まず政府自らが民間の雇用主に率先して取り組むことが当然であるとの立場から、「官庁公共企業体地方公共団体等における身体障害者雇用促進に関する件」が申し合わせ事項として定められました。特に職業安定機関は雇用促進の実施機関であることから、職員定員の3%を目標に身体障害者を採用するように努めることが決められたのです。これが割当雇用施策の始まりとなりました。

一方、民間企業については、1952（昭和27）年の身体障害者雇用促進中央協議会の「身体障害者の職業更生に関する意見」に従い、分業化の比較的進んでいる50人以上の従業員を雇用する雇用主を中心に身体障害者の雇用勧奨を行うなどの措置が講じられました。比較的生産力の高い軽度障害者が中心でしたが、はかばかしい成果は得られませんでした。

そのため、割当雇用制度の創設を中心内容とする「身体障害者雇用法」の制定を求める声が友愛会などの障害者関係団体からは高まり、1960（昭和35）年「身体障害者雇用促進法」（現「障害者雇用促進法」）の制定に進んでいくことになりました。　（小出　享一）

参考文献

山田耕造「わが国における障害者雇用促進法の歴史」『香川法学』11-3・4-491、p.41、1992年
吉田久一『昭和社会事業史』ミネルヴァ書房、1971年
厚生省五十年史編集委員会編『厚生省五十年史（記述篇）』財団法人厚生問題研究会、1988年

第4章　社会福祉の法律・行政

記　事

余裕財産で貢献活動義務化へ　社会福祉法人の制度改革で厚労省方針

社会福祉法人の制度改革を検討している厚生労働省は10日、事業で蓄積した内部留保のうち、当面の運転資金などを除く「余裕財産」を地域での社会貢献活動に使うことを義務付ける方針を固めた。

一定規模の法人に会計監査人を置くことも義務化する。来年の通常国会に社会福祉法改正案を提出し、2016年度からの実施を目指す。

厚労省によると、社会福祉法人が運営する特別養護老人ホーム（特養）の内部留保は平均で約1億6,000万円に上り、ずさんな運営が問題化している法人も存在する。

内部留保は、建物の修繕費や運転資金といった事業継続に必要な最低限の財産と、それ以外の余裕財産に区分。余裕財産は①生活困窮者への福祉サービス②生活保護世帯の児童への教育支援③高齢者の生活支援　などの公益活動や職員の待遇改善に充てることを義務付ける。

法人は、地域のニーズをくみ取りながら実施計画を策定。自治体が計画を審査した上で承認し、指導監督も行う仕組みにする方針だ。また厚労省は10日の社会保障審議会の福祉部会に、一定規模の法人に会計監査人の設置を義務付けるほか、地域や施設利用者の意見を聴いて運営を反映させる「運営協議会」を 任意で設置できる案を提示した。法人への指導監督を強化する狙いで、対象法人の規模は今後詰める。

出典：2014年11月11日共同通信

1．言葉を調べてみましょう

（1） 社会福祉法人について調べてみましょう。

（2） 通常国会とはどのようなものですか。

（3）「社会福祉法」では何が定められていますか。

（4） 内部留保は何のためにするのでしょうか。

（5） 社会福祉法人への指導監督について調べましょう。

2. この記事を読んだ感想をまとめてみましょう

3. 解　説

（1）「社会福祉法」

社会福祉を目的とする事業の全分野における共通的基本事項を定め、社会福祉を目的とする他の法律と相まって、福祉サービスの利用者の利益の保護及び地域における社会福祉の推進を図るとともに、社会福祉事業の公明かつ適正な実施の確保及び社会福祉を目的とする事業の健全な発達を図り、社会福祉の増進に資することを目的としています（第1条）。地方社会福祉審議会、福祉事務所、社会福祉主事、指導監督及び訓練、社会福祉法人、社会福祉事業、福祉サービスの適切な利用、地域福祉の推進などを定めています。

（2） 社会福祉法人

社会福祉法人とは、社会福祉事業を行うことを目的として、「社会福祉法」の定めるところにより設立された法人です（第22条）。設立にあたり定款について所轄庁の認可を受けなければなりません（第31条）。社会福祉法人は国・地方公共団体から助成を受けることができる一方で監督も受けます（第58条）。「憲法」第89条は「公金その他の公の財産は、宗教上の組織若しくは団体の使用、便宜若しくは維持のため、又は公の支配に属しない慈善、教育若しくは博愛の事業に対し、これを支出し、又はその利用に供してはならない」と定めているので、これに抵触しないように「公の支配」下にある形式をとるため制度化されました。

（3） 福祉六法

「児童福祉法」「身体障害者福祉法」「生活保護法」「知的障害者福祉法」「老人福祉法」「母子及び父子並びに寡婦福祉法」の6つの法律を総称して福祉六法といいます。

「児童福祉法」は、総則（第1章）、福祉の保障（第2章）、「事業、養育里親及び養子縁組里親並びに施設」（第3章）など全8章からなります。第1条は、全て児童は、児童の権利に関する条約の精神にのっとり、適切に養育されること、その生活を保障されること、愛され、保護されること、その心身の健やかな成長及び発達並びにその自立が図られることその他の福祉を等しく保障される権利を有する、と定めています。

「身体障害者福祉法」は、「障害者総合支援法」と相まって、身体障がい者の自立と社会経済活動への参加を促進するため、身体障がい者を援助し、及び必要に応じて保護し、もって身体障がい者の福祉の増進を図ることを目的としています（第1条）。「知的障害者福祉法」も同じです（第1条）。

「生活保護法」は、「憲法」第25条の理念にもとづき、国が生活に困窮するすべての国民に対し、その困窮の程度に応じ、必要な保護を行い、その最低限度の生活を保障するとともに、その自立を助長することを目的としています（第1条）。生活保護には3つの原理（無差別平等、最低生活、保護の補足性）と4つの原則（申請保護、基準及び程度、必要即応、世帯単位）があります。

「老人福祉法」は、老人の福祉に関する原理を明らかにするとともに、老人に対し、その心身の健康の保持及び生活の安定のために必要な措置を講じ、もって老人の福祉を図ることを目的としています（第1条）。

「母子及び父子並びに寡婦福祉法」は、母子家庭等及び寡婦の福祉に関する原理を明らかにするとともに、母子家庭等及び寡婦に対し、その生活の安定と向上のために必要な措置を講じ、母子家庭等及び寡婦の福祉を図ることを目的としています（第１条）。

（4） 関連した法律

このほか、「障害者基本法」「精神保健福祉法」「障害者総合支援法」「介護保険法」「地域保健法」「母子保健法」「民生委員法」などがあります。

（今井　慶宗）

記　事

医療改革法案を閣議決定　会社員、公務員の負担増　食事代や大病院受診も

政府は3日、国民に広く負担を求める医療保険制度改革の関連法案を閣議決定した。75歳以上の医療を支えるため大企業社員や公務員の負担を増やす「総報酬割」を2017年度に全面的に導入。入院時の食事代を引き上げ、紹介状なしで大病院を受診した場合に5千～1万円の定額負担を求めることも盛り込んだ。

市町村が運営する国民健康保険（国保）は、18年度に都道府県に移管する。政府は今国会での成立を目指す。

75歳以上の医療費は本人負担を除き、約4割を現役世代が支援金として拠出している。総報酬割は、支援金の計算方法の一つで、所得に応じて負担する仕組み。現行では、健康保険組合などの医療保険ごとに3分の2を加入者数に応じて分担し、3分の1を総報酬割で分担している。この総報酬割の部分を15年度に2分の1、16年度に3分の2と順次拡大。17年度からは全て総報酬割にする。所得の高い会社員や公務員は負担増となる。

厚生労働省は、全面導入で公費が約2,400億円浮くと試算。うち1,700億円は赤字体質が続く国保に投入する。また、一部は全面導入で負担増となる健保組合などの支援に充てる。

入院時の食事代は現在260円。16年度に360円、18年度に460円に上げる。大病院受診時の定額負担は16年度から始める。

国保の移管後は、都道府県が財政の安定化や医療の効率化に中心的な役割を果たす。市町村は都道府県が示した目安を参考に保険料率を決め、引き続き保険料徴収や健康づくりの事業も担う。

このほか、保険診療と保険外の自由診療を併用する「患者申出療養」を16年度に創設、中小企業の従業員らが加入する協会けんぽへの国庫補助率は16.4%を維持する。

出典：2015年3月3日共同通信

1．言葉を調べてみましょう

（1） 厚生労働省とは何をする官庁でしょうか。

（2） 地方自治体の役割と種類を調べましょう。

（3） 公務員とは何でしょうか。

（4） 移管という言葉を調べましょう。

（5） 国庫補助はどのような仕組みでしょう。

2. この記事を読んだ感想をまとめてみましょう

3. 解　説

（1） 厚生労働省

厚生労働省は、旧厚生省と旧労働省が統合された中央官庁です。社会保障や医療・社会福祉のほか、労働政策・労働保険に関する政策を企画立案し予算を執行しています。社会福祉に関係する内部部局には次のようなものがあります。

社会・援護局は、福祉事務所や社会福祉法人、社会福祉事業に携わる職員の確保など社会福祉の各分野に共通する制度・政策の企画立案や運営を行うほか、ホームレス対策など福祉に関連する広範な施策を扱っています。旧軍人軍属やその遺族の援護も行っています。同局内の障害保健福祉部は、障害者福祉に関する法令を所管していて、「障害者総合支援法」に基づく障害福祉サービスや地域生活支援事業の企画立案や推進のほか、障害者の生活を支援するための各種事業、文化活動の推進などを展開しています。

老健局は、老人福祉一般のほか、介護保険制度の円滑な運営や認知症対策、また高齢者に対する保健事業なども含め総合的な高齢者保健福祉施策の企画立案をしています。

子ども家庭局は、保育・子育て人材や児童相談所等の子育て支援基盤の一体的整備や切れ目のない子育て仕事両立支援の推進など子ども・子育て支援を行います。

雇用環境・均等局は、女性活躍推進や均等処遇、働き方改革などを推進しています。

保険局は、健康保険や船員保険、国民健康保険などの医療保険や後期高齢者医療制度の企画立案を行っています。年金局は、厚生年金保険・国民年金などの公的年金や、企業年金に関する企画立案を行うとともに、公的年金の年金積立金の管理運用を行っています。なお、社会保険の現業は国の監督の下で日本年金機構や全国健康保険協会によって行われています。

（2） 自治体

地方公共団体（自治体）は普通地方公共団体と特別地方公共団体とに分けられます。普通地方公共団体である都道府県・市町村には社会福祉行政を主管する部署があります。組織や名称は規模に応じて異なります。都道府県で福祉行政を担当しているのは民生部・保健福祉部、市町村ならば民生課・社会福祉課などが多いです。特別地方公共団体である特別区（東京23区）は市町村とほぼ同様です。市には一般の市のほかに政令指定都市・中核市があります。

都道府県及び市（含・特別区）は、条例で福祉に関する事務所（福祉事務所）を設置しなければなりません（「社会福祉法」第14条1項）。町村は、条例で福祉事務所を設置することができます（同法第14条3項）。福祉事務所は、「生活保護法」「児童福祉法」「母子及び父子並びに寡婦福祉法」「老人福祉法」「身体障害者福祉法」「知的障害者福祉法」に定める援護・育成・更生の措置に関する事務をつかさどります（「社会福祉法」第14条5項・6項）が、都道府県の福祉事務所と市の福祉事務所では所掌範囲が異なります。福祉事務所で現業を行う所員は所長の指揮監督を受けて、援護、育成・更生の措置を要する者等の家庭を訪問するなどして面接し、本人の資産・環境等を調査し、保護その他の措置の必要の有無及びその種類を判断し、本人に対し生活指導を行う等の事務をつかさどります。

自治体には、福祉事務所のほかに児童相談所、身体障害者更生相談所、知的障害者更生相談所、保健所、市町村保健センター、精神保健福祉センターなどが置かれています。

（今井　慶宗）

第5章　高齢者福祉

記　事

ヘルパーが認知症入居者を拘束　東京・北区、虐待認定

東京都北区は17日、区内の高齢者向けマンション3棟で、認知症の入居者をベルトでベッドに固定するなど、介護ヘルパーによる不適切な身体拘束があったとして、高齢者虐待防止法に基づく虐待行為と認定し、介護事業所を運営する法人に改善を指導した。都も同日、介護保険法に基づく改善勧告をした。

都によると、ヘルパーの派遣などの介護サービスを提供していた二つの介護事業所は、同区の医療法人社団「岩江クリニック」（岩江秀和理事長）が運営。区によると、マンション3棟には昨年11月時点で159人が入居しており、多くが認知症だった。

区が不適切な身体拘束に関する情報を受け調査した結果、入居者20人に対する虐待行為を認定。ベッドの四方を柵で囲まれて行動を制限されたり、部屋のドアを外側からロックされたりしていたことを確認した。法人側は区に「医師の指示に基づく拘束で適切だった」と説明したという。

一方、区の調査とは別に都も昨年12月から職員らへの聞き取り調査を実施。その結果、約130人の身体拘束を確認したとしている。

都の調べでは、このマンションには、有料老人ホームの届け出がないまま認知症の高齢者が集められ、訪問介護が行われていたといい，実態を調べている。

出典：2015年2月17日共同通信

1．言葉を調べてみましょう

（1） 高齢者虐待に関する法律と都道府県や市町村の役割を調べてみましょう。

（2） 高齢者虐待の種類と具体例を考えましょう。

（3） 身体拘束の具体例を考えてみましょう。

（4） 身体拘束がもたらす多くの弊害と、「緊急やむを得ない」対応について調べてみましょう。

（5） 自分自身に何ができるかを考えてみましょう。

2. この記事を読んだ感想を書いてみましょう

3. 解　説

（1） 高齢者虐待に関する法律と高齢者虐待通報件数

介護保険の制度が普及、活用が進む中、高齢者に対する身体的・心理的虐待、介護や世話の放棄などが、家庭や高齢者福祉施設等で表面化してきました。高齢者の尊厳を保持するためには、高齢者に対する虐待の防止に関する施策を促進する必要あることから、「高齢者虐待の防止、高齢者の養護者に対する支援等に関する法律（高齢者虐待防止法）」が2005（平成17）年11月に議員立法で成立し、翌年2006（平成18）年4月から施行されました。

この法律では、高齢者を65歳以上と定めています。そして、高齢者を世話している家族や親族、同居人等の「養護者による高齢者虐待」と、「老人福祉法」や「介護保険法」に規定されている養介護施設や養介護事業で業務する「養介護施設従事者等による高齢者虐待」を定義しています。

高齢者虐待件数（2015（平成27）年度）をみてみましょう。「養介護施設従事者による虐待」が通報・相談件数は1,640件、虐待判断件数408件、「養護者による高齢者虐待件数」は、相談・通報件数が2万6,688件、虐待判断件数1万5,976件で、養介護施設従事者よりも養護者による高齢者虐待件数が非常に多いことがわかります。これは家族や親戚など世話をする人たちが、24時間365日介護を続けることによる介護疲れが大きな原因であると考えられます。

（2） 高齢者虐待の種類

高齢者虐待の種類は、身体的虐待、介護・世話の放棄・放任、心理的虐待、性的虐待、経済的虐待の5つが挙げられます。1つ目の身体的虐待とは、体に外傷を生じ、又は生じる恐れるのある暴行を加えることで、具体的には叩く、つねる、蹴る、無理やり食事を口に入れる、過剰に薬を服薬させる等が挙げられます。2つ目の介護・世話の放棄（ネグレクト）とは、意図的か又は結果的にかかわらず、介護や生活の世話を行っている家族や施設職員が、高齢者の身体的・精神的状態を悪化させるような介護放棄・放置を行うことです。具体的には、食事や水分を与えない、入浴させない、居室内の掃除を行わず劣悪な環境で生活させる等です。3つ目の心理的虐待とは、脅しや侮辱するような暴言又は拒絶的な対応を行うことによって精神的・情緒的苦痛を与えることです。4つ目の性的虐待は、同意が得られない状況のなかで、高齢者にわいせつな行為をする、又はさせる行為のことです。5つ目の経済的虐待とは、本人の同意のない状態で財産を使用したり不当に処分する、又は、通帳等を管理し金銭の使用を制限することです。

（3） 身体拘束の具体例

身体拘束の具体例としては、次のことが挙げられます。①徘徊しないように、車いすやいす、ベッドに体幹や四肢を紐で縛る。②転落しないように、ベッドに体幹や四肢を紐で縛る。③自分で降りられないように、ベッドを柵（サイドレール）で囲む。④点滴・経管栄養のチューブを抜かないように、四肢を紐で縛る。⑤点滴・経管栄養等のチューブを抜かないように、または皮膚をかきむしらないように、手指の機能を制限するミトン型手袋等をつける。⑥車いすやいすからずり落ちたり、立ち上がったりしないように、Y字型拘束帯や腰ベルト、車いすテーブルをつける。⑦立ち上がる能力のある人の立ち上がりを妨げるようないすを使用する。⑧脱衣やおむつはずしを制限するために、介護衣（つなぎ服）を着せる。⑨他人への迷惑行為を防ぐために、ベッドなどに体幹や四肢を紐等で縛る。⑩行動を落ち着かせるために、向精神薬を過剰に服用させる。⑪自分の意思で開けることのできない居室等に隔離する。

（4） 身体拘束がもたらす多くの弊害と、「緊急やむを得ない」対応について

身体拘束を行うことによって、①身体的弊害（関節の拘縮、筋力の低下、食欲の低下等）、②精神的弊害（尊厳の侵害、認知症の進行、家族に対する精神的苦痛等）、③社会的弊害（職員の士気低下、心身機能の低下による医療的処置の増加等）があることを理解しましょう。

また「緊急やむを得ない場合」とは、①切迫性：利用者本人または他の利用者等の生命または身体が危険にさらされている可能性が著しく高いこと、②非代替性：身体拘束その他の行動制限を行う以外に代替する介護がないこと、③一時性：身体拘束その他の行動制限が一時的なものであることの3つの要件を満たし、その要件を職員間や家族が確認し、記録に残す必要があります。身体拘束は広義の高齢者虐待であることを理解しましょう。

（小倉　　毅）

認知症 地域で支えよう

高梁市内５ヵ所

「カフェ」始まる

▲認知症や介護の悩みについて相談できる「認知症カフェ」＝成羽文化センター

地域で暮らす高齢者らを支援する「認知症カフェ」が高梁市内で始まった。お茶を飲みながら認知症の人やその家族、地域住民らが集い、交流することで、認知症の人や家族を支える地域づくりを目指す。

（千北由紀子）

本人、家族と住民交流

認知症カフェは国の認知症施策推進総合戦略（新オレンジプラン）で、２０１８年度から全ての市町村で実施することが目標として掲げられており、高梁市は本年度、市内の5介護保険事業所に委託した。委託費は２１１万円。県内では新見、岡山、倉敷市などですでに実施している。

カフェは市内5カ所で月に１、２回開設。１００～３００円の利用料で誰でも自由に立ち寄れる。看護師、社会福祉士、精神保健福祉士、介護福祉士ら家族からの相談に対応できる専門職を配置。認知症支援のボランティア養成に取り組む市認知症キャラバンメイトとも連携する。コーヒーや茶菓などが提供され、利用者同士悩みを打ち明けたり、地域の人と交流。うどんやピザ作りなどのイベントも企画されている。

７月22日に成羽文化センター（成羽町下原）でプレオープンした医療法人宏仁会の「なりわ茶屋」では、お茶やコーヒーなどを手にした利用者らが、テーブルの菓子を囲んで和やかに歓談。

長年父の介護をしているという大田瑞枝さん(71)＝成羽町星原＝は「一人で抱え込もうとすると、介護は行き詰まる。誰にも言えない悩みを気軽に話せるだけでも、日頃のストレスが忘れられる。こうした新しいサービスがどんどん広まれば」と話していた。

８月の開催日、場所は次の通り。

語らい場Ｃａｆé（巨瀬地域市民センター）＝９、23日▽和カフェ（栄町まちかど広場）＝18日▽なりわ茶屋（成羽文化センター）＝19日▽カフェ福ちゃん（特別養護老人ホームちかり）＝24日▽ふらっとカフェオレンジ（グループホームウェルネス津川）＝28日

問い合わせは市地域包括支援センター（０８６６㉑０３００）。

出典：2015年8月8日山陽新聞朝刊

1. 言葉を調べてみましょう

（1） 認知症の種類を調べてみましょう。

（2） 認知症の症状を調べてみましょう。

（3） 新オレンジプランとは何かを調べてみましょう。

（4） 認知症サポーターとは何かを調べてみましょう。

（5） 認知症カフェとは何かを調べてみましょう。

2. この記事を読んだ感想、さらに自分自身に何ができるかを考えてみましょう

3. 解　説

（1） 認知症の種類

認知症の基本的な症状は、いろいろな原因により脳細胞の死、または働きが悪くなることで、日常生活に支障が出ている状態が6か月以上継続している状態です。認知症の種類は、アルツハイマー型認知症と脳血管性認知症が代表的ですが、非アルツハイマー認知症として、レビー小体型認知症、前頭側頭型認知症、ピッグ病、ハンチントン病、パーキンソン病からくる認知症等、その他の外傷性や感染性疾患等が原因で認知症を患うこともあります。また若年性認知症の発症年齢は平均51歳前後のため、仕事のことや子育て、今後の生活のあり方までを考える必要があります。

（2） 認知症の症状

脳細胞が壊れることによって、記憶障害や見当識障害（年月や時間、現在どこにいるか等の基本的な状況を把握できない）、理解・判断力の低下といった中核症状と、認知症妄想や幻覚、睡眠障害、食行動異常、徘徊、暴言・暴力、不安・焦燥、抑うつ、介護抵抗等の周辺症状が出ることがあります。この周辺症状は、その人の性格・素質、これまで生活してきた環境や心理状態が影響しているため、表出の程度に個人差があります。

（3） 新オレンジプランとは

これまで、認知症施策推進5か年計画（オレンジプラン）を2013（平成25）年から2017（平成29）年にかけて推進するよう計画されてきましたが、認知症の人の数は2012（平成24）年は約462万人（7人に1人）で、正常と認知症の中間の状態である軽度認知障害を含めると65歳以上の高齢者4人に1人が認知症や認知症予備軍となります。また、2025年には約700万人（5人に1人）と、これまで以上に認知症が増加すると想定されています。そこで、認知症を支える仕組みから、「認知症の人が認知症とともによりよく生きていく」環境を整備する必要があると考え、認知症施策推進総合戦略（新オレンジプラン）が2015（平成27）年1月に示されました。この新オレンジプランは、団塊世代が全て75歳を迎える2025年を対象期間にしていますが、介護保険の見直しが行われる2017（平成29）年を当面の目標設定年度としています。具体的な柱は、①認知症への理解を深めるための普及・啓発の推進、②認知症の容態に応じた適時・適切な医療・介護等の提供、③若年性認知症施策の強化、④認知症の人の介護者への支援、⑤認知症の人を含む高齢者にやさしい地域づくりの推進、⑥認知症の予防法、診断法、治療法、リハビリテーションモデル、介護モデル等の研究開発及びその成果の普及の推進、⑦認知症の人やその家族の視点の重視から構成されています。

（4） 認知症サポーターとは

認知症サポーターとは、認知症に関する正しい知識と理解をもち、地域や職域で認知症の人や家族に対してできる範囲での手助けをすることを目的としています。養成方法は都道府県や市町村、職域団体が、住民（自治会、老人クラブ、民生委員、家族会、防災・防犯組織等）や職域（企業、銀行等金融機関、消防、警察、スーパーマーケット、コンビニエンスストア、宅配業、公共交通機関等）、学校（小中高等学校、教職員、PTA等）に対して開講し、2017（平成29）年12月末までに983万5,590人を養成しました。（受講修了者は、オレンジリングをもって認知症サポートを行っています)。

(5) 認知症カフェとは

認知症カフェは、認知症の方が自ら活動し楽しめる場所で、家族にとっては同じ悩みを分かちあえる場所です。さらに専門職にとっても、認知症や家族の方、地域の人とふれあい、相互に情報共有と相互理解できる大切な場所として「新オレンジプラン」のなかで推進されています。なお、2018(平成30)年度からは、すべての市町村に配置される認知症地域支援推進員等の企画により、地域の実情に応じて実施することになっています。

(小倉　　毅)

参考文献

「国民の福祉と介護の動向 2013/2014」 一般財団法人 厚生労働統計協会　2013年9月5日

「高齢者虐待の要因分析と地方自治体の施策促進に関する調査研究事業　報告書」社会福祉法人東北福祉会　認知症介護研究・研修仙台センター　2015年3月

厚生労働省「身体拘束ゼロへの手引き」2001年

認知症介護情報ネットワーク　https://www.dcnet.gr.jp/about/know02.html

2010(平成22)年現在で、介護保険を利用している認知症は280万人、有病者数約439万人と推計され、今後も増加すると予想されています。

第6章　介護保険

記　事

介護２割負担、８月開始　対象60万人、通知で苦情も　年金収入280万円以上

一定以上の所得がある高齢者を対象に、８月１日から介護保険サービス利用時の自己負担が１割から２割に引き上げられるのを控え、市区町村が該当者に通知を送り始めた。だが「負担倍増」の通知に驚いた人からの問い合わせや苦情が自治体窓口に相次いでいる。使うサービスを減らす動きも出ており、介護現場が混乱する恐れがある。

２割負担になるのは原則、年金収入のみの場合で年280万円以上の人。65歳以上の約20%が該当するが、実際に対象となるのはサービス利用者のうち10%程度の約60万人とみられる。

例えば要介護５の場合、平均的な自己負担月額は２万７千円。２割だと５万４千円に増える計算だが、負担上限があり、最高でも４万4,400円（８月以降。現在は３万7,200円）となる。

各地の自治体は今月末までに、要介護や要支援の認定を受けている全員に、保険証とは別に「負担割合証」を送付。この割合証で１割のままか２割になるかが分かる。

負担増は昨年６月の法改正で決定。だが周知不足で高齢者に伝わっておらず、仕組みの分かりにくさも指摘される。医療で自己負担が現役世代と同じ３割となる基準に比べ収入ラインが低く設定されている上、夫婦では「いずれかの年金が年280万円以上でも、配偶者の年金が少なく世帯合計が346万円未満なら２人とも１割負担」といった例外規定がある。

今月10日に通知を発送した東京都調布市には「なぜ自分が２割なのか」「生活に困る」と質問や苦情が相次ぐ。川崎市は相談殺到に備え、受け付け態勢を強化した。

都内のケアマネジャー（介護支援専門員）によると、デイサービスの回数を減らしケアプランを見直す利用者もいるという。日本介護支援専門員協会の原田重樹（はらだ・しげき）副会長は「費用優先で必要なサービスが受けられないと本人が困る。事前によく相談してほしい」と話す。

ほかにも８月以降、特別養護老人ホーム（特養）利用の低所得者への部屋代・食費の補助を縮小し、特養の相部屋入居者から部屋代を徴収する。

※介護保険の自己負担

介護保険サービスを使った際の自己負担は、介護保険制度が始まった2000年度から一律１割だった。引き上げは今回が初めて。２割負担の対象者を、厚生労働省は「合計所得金額が年160万円以上」と説明。これを年金収入（他に収入がない場合）に換算すると「年280万円以上」になる。合計所得金額とは、収入から公的年金等控除、給与所得控除、必要経費を差し引いた額。

出典：2015年７月21日共同通信

1. 言葉を調べてみましょう

（1）「要介護（要支援）認定」とはどのようなものか調べてみましょう。

（2） 介護保険における「特定疾病」とは何か調べてみましょう。

（3）「介護支援専門員（ケアマネジャー）」とはどのような職業なのか調べてみましょう。

2. 介護保険のサービスを調べてみましょう

（1）「介護保険法」に基づくサービスを調べてみましょう。

（2）（1）で調べた介護保険のサービスの料金を調べてみましょう。

①サービスの総額　②利用者1割負担　③利用者2割負担

（3）なぜ介護保険のサービス利用者負担割合が1割から2割（一定以上の所得がある人）になったのか考えてみましょう。

3. 解　説

（1） 介護保険制度

高齢化の進行に伴い、要介護高齢者の増加、介護期間の長期化など、介護に関するニーズはますます増大してきました。また、核家族化の進行、介護する家族の高齢化など、要介護高齢者を支えてきた家族をめぐる状況も変化しています。要介護者の介護を社会全体で支え合う仕組みが介護保険制度です。

介護保険制度は、単に介護を要する高齢者の身の回りの世話をするということを超えて、高齢者の自立を支援するという自立支援を理念としています。また、利用者の選択により、保健医療サービス、福祉サービスを総合的に受けられる利用者本位の制度です。さらに、給付と負担の関係が明確な社会保険方式を採用しています。

この公的介護保険制度は市町村や特別区などの行政が「保険者」となって制度を運営し、「被保険者（加入者）」が「サービス事業者」の提供するサービスを選択して利用できる制度です。加入に関しては、40 歳以上の者は強制加入です。給付に関しては、介護を要する状態になった場合に、介護や支援が必要であるという認定を受ける必要があります。年齢によっては、要介護状態になった理由によって給付されない場合もあります。入浴・排泄・食事等の介護や支援、機能訓練や看護・療養上の管理等のサービス提供を国民が共同連帯で支える制度です。

民間の介護保険も多くあります。加入条件は、各生命保険会社等の規定に基づくもので、年齢制限も 20 代から加入できるものなどもあり、自由に加入するか決めることができます。給付に関しても、サービス利用や現金での支給などさまざまな形態があります。

（2） 高齢化

現在、我が国の高齢化率は 25％を超え、国民全体の 4 人に 1 人が 65 歳以上の時代を迎えました。さらに高齢化のスピードに関して、高齢化率が 7％を超えてから、倍の 14％に達するまでの所要年数を諸外国と比較してみると、フランス 115 年、スウェーデン 85 年、イギリス 47 年、ドイツ 40 年であるのに対し、日本は 24 年と急速に進んでいます。

（3） ケアプラン

公的介護保険制度のサービス実施にあたっては、居宅サービス計画や介護予防サービス計画というわゆるケアプランの立案が必要です。ケアプランをもとに、サービス事業所との連絡調整を経てサービスが実施されます。ケアプランの立案については、自ら計画を作成することができますが、介護支援専門員（ケアマネジャー）にケアプランの立案、作成を依頼し、事業所との連絡調整も担ってもらえます。また、施設サービスを利用する場合も、施設サービス計画が必要になってきます。

（藤田　　了）

記　事

夫追い詰めた老老介護　判決「責めるのは酷」

足腰の痛みに苦しみながら入院治療を拒んだ83歳の妻は、軽い認知症を抱え献身的に介護する夫に「殺してほしい」と懇願した。嘱託殺人罪に問われたM被告（93）に、執行猶予付きの有罪判決を言い渡した8日の千葉地裁判決は、老老介護に疲弊し追い詰められていった被告の苦悩を浮き彫りにした。

判決などによると、M被告は1952年に妻K子さんと結婚、3人の子どもをもうけた。K子さんは2013年ごろから、足腰が弱り転倒するように。昨年10月、骨盤骨折の疑いがあると診断された。

2人暮らしでK子さんが入院を渋る中、眠る間もない介護に90歳を超えた被告は追い込まれていく。数週間前から痛みが増し、苦しみから逃れようとK子さんは事件当日の昨年11月2日、「殺してほしい」と頼んだ。

「冷静な判断を貫徹できなかったことを責めるのは酷」と判決は同情する。被告がネクタイでK子さんの首を絞める直前、「2人で思い出話をしていた」とも指摘した。

判決は「被害者の冥福を祈りつつ、平穏に余生を送る機会を与えることが相当だ」と執行猶予にした理由を説明した。

※被告・被害者の実名を伏せました。

出典：2015年7月8日共同通信

1. 言葉を調べてみましょう

（1）「認知症」とはどのような病気なのか調べてみましょう。

（2）「地域包括支援センター」とはどんなところなのか調べてみましょう。

（3）「高齢者虐待防止法」について調べてみましょう。

（4）「老老介護」がもたらすさまざまな問題を考えてみましょう。

2. この記事を読んだ感想を書いてみましょう

3. 解　説

（1） 認知症高齢者の現状

全国の 65 歳以上の高齢者約 3,079 万人のうち、認知症有病率推定値は 15%、認知症有病者数は約 462 万人との推計です。また、全国の認知症ではないが、健常者と認知症の人の中間の段階にあたる状態、いわゆる MCI（Mild Cognitive Impairment：軽度認知障害）の者の有病率推定値が 13%、MCI 有病者数が約 400 万人との推計です（2012（平成 24）年）。

国は、2012（平成 24）年 9 月、「認知症施策推進 5 か年計画」（通称・オレンジプラン）を策定しました。2013（平成 25）年度から 2017（平成 29）年度までの 5 年間の計画として、「認知症になっても本人の意思が尊重され、できる限り住み慣れた地域のよい環境で暮らし続けることができる社会」の実現を目指すこととしました。

（2） 地域包括ケアシステム

日本は、諸外国に例をみないスピードで高齢化が進行しています。65 歳以上の人口は、現在 3,000 万人を超え、国民の約 4 人に 1 人が 65 歳以上であり、2042 年の約 3,900 万人でピークを迎え、その後も、75 歳以上の人口割合は増加し続けることが予想されています。このような状況の中、厚生労働省は、2025 年を目途に、高齢者の尊厳の保持と自立生活支援の目的のもとで、可能な限り住み慣れた地域で、自分らしい暮らしを人生の最期まで続けることができるよう、地域の包括的な支援・サービス提供体制、いわゆる「地域包括ケアシステム」の構築を推進しています。

地域包括ケアシステムは、厚生労働省において打ち出されました。2014（平成 26）年 6 月に成立した「地域における医療及び介護の総合的な確保を推進するための関係法律の整備等に関する法律」でも構築を目指すこととされました。同法は、①新たな基金の創設と医療・介護の連携強化（「地域介護施設整備促進法」等関係）、②地域における効率的かつ効果的な医療提供体制の確保（「医療法」関係）、③地域包括ケアシステムの構築と費用負担の公平化（「介護保険法」関係）等を内容としています。

（3） 自助・互助・共助・公助

① 費用負担による区分

「公助」は、生活保護や権利擁護施策等の税による公の負担、「共助」は介護保険制度などリスクを共有する仲間（被保険者）の負担であり、「自助」には「自分のことは自分でする」ことに加え、市場のサービスの購入も含まれます。これに対し、「互助」は相互に支え合っているという意味で「共助」と共通点がありますが、費用負担が制度的に裏付けられていない自発的なものであり、ボランティア活動や住民組織の活動などです。

② 時代や地域による違い

2025 年までは、高齢者のひとり暮らしや高齢者のみ世帯がよりいっそう増加することが予測されます。「自助」「互助」の概念や求められる範囲、役割が新しい形になってきていると言えます。都市部では、強い「互助」を期待することが難しい一方、民間サービス市場が大きく「自助」によるサービス購入が可能となりました。都市部以外の地域では、民間市場は限定的で「互助」の役割が大きいといえます。少子高齢化や財政状況から、「共助」「公助」の大幅な拡充を期待することは難しく、「自助」「互助」の果たす役割が大きくなることを意識した取り組みが必要です。

（藤田　了）

第7章　身体障害者福祉

記　事

新・地域考　**増える在宅の重症児**　オピニオン

深まる家族の絆

介護負担は重く

岡山県内10年で5割増も　少ない短期入所施設

1面から続く

気管を切開してつけたカニューレという管は人工呼吸器へつながる。鼻から入れたチューブで腸へ栄養剤を送るポンプ、呼吸状態と心拍数を示すモニター、たんの吸引器もある。枕元に並ぶ医療機器は真奈実さん（7）＝倉敷市＝の命綱だ。

家族が集う自宅1階のリビング。寝たきりの真奈実さんは話し掛けても返事はない。だが、わずかに頬が緩む。日々接する家族には分かる。中学1年の姉も小学4年の兄も外から帰ると、まず妹の顔を見に来る。ともに暮らす時間は家族の絆を深めた。

真奈実さんは小学2年生。今は夏休みだが、普段は週3日、特別支援学校の教師に来てもらい指導を受ける。「ここまで成長するとは…。この子はわが家の中心なんです」。母親の亜由美さん（48）が感慨深げに振り返った。

■　■　■

18トリソミー―。聞き慣れない病名を医師から告げられたのは出産の2週間後だった。

18番染色体が通常より1本多く3本あり、成長の遅れや先天的異常が起きる。3500～8500人に1人と比較的多い染色体異常で、海外の調査では1年生存率は5～10%とされる。

真奈実さんは予定を10日過ぎて生まれたのに2230㌘の低出生体重児で、左手は指が6本ある多指症だった。間もなく無呼吸発作を起こし、自宅近くの産科医院から倉敷中央病院（倉敷市美和）の総合周産期母子医療センターへ救急搬送され、心臓にも異常が見つかった。

予後不良とされる18トリソミーも近年、積極的治療が広まってきた。真奈実さんは新生児集中治療室（NICU）で治療を受け、退院を勧められるまで状態が安定した。在宅療養は不安だった亜由美さんも「短命かもしれないからこそ家に連れて帰りたい」と考えるようになり、生後2カ月で退院した。

■　■　■

真奈実さんのように重い知的障害と身体障害がある在宅の重症心身障害児・者は岡山県内に634人（2011年度末）。ここ10年で5割増えた＝グラフ。

「病院では看護師がしてくれた人工呼吸器の世話もたんの吸引も家だと家族がしなければならない。まして重症児は体調を崩しやすく、不安は大きい」。県重症心身障害児（者）を守る会長の佐藤恵美子さん（74）＝岡山市中区祇園＝は在宅へ移行する親からよく相談を受けるという。

岡山県内の在宅重症心身障害児（者）

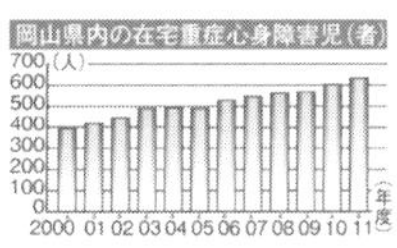

真奈実さんは自宅に帰った後も入退院を繰り返した。特に1歳4カ月の時には重い脳炎を患い、人工呼吸器をつけた。

栄養剤の注入は急だと体が受け付けないため1日5回に分け、1回に1時間半もかける。体調が悪いと、たんの吸引が頻繁に必要で、介護する側は夜寝る間もない。さらに、多くの医療機器をつけ週1回は通院する。その大半を亜由美さんが担う。会社員の夫（53）も手伝うが、安心して目を離せるのは訪問看護師が来る週3日、1時間半ずつだけ。その間に急いで買い物や用事を済ませる。

■　■　■

「安心して預けられる所が少ない」のが亜由美さんの悩み。重症児の短期入所施設は倉敷市内で倉敷中央病院の1床しかなく、利用できたのは7年余で1回。日中預かりなどの障害者福祉サービスも人工呼吸器をつけていると「何かあったら困る」と利用を断られることが多い。昨年春亡くなった亜由美さんの母の通夜には家族で駆け付けたが、翌日の葬儀は真奈実さんの体調を考え参列を諦めた。

介護負担は重い。その分教わったことも多いと亜由美さんは感じている。

「障害のある子を授かり、最初はショックだった。でも、今はいろんな子がいて当たり前だと思える。できるだけ長く一緒に暮らしたい。だから、助けがほしいんです」

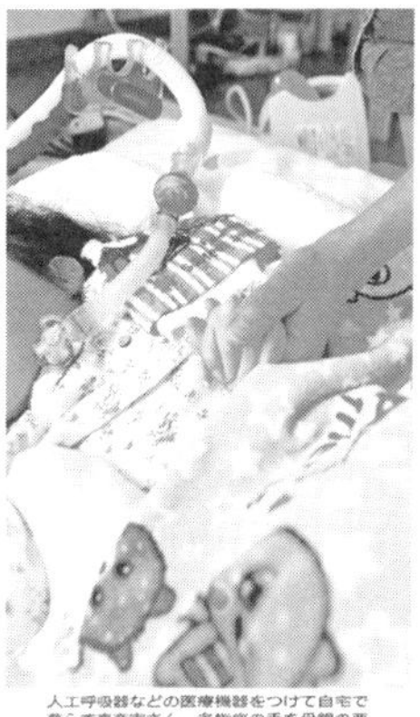

人工呼吸器などの医療機器をつけて自宅で暮らす真奈実さん。多指症の手を母親の亜由美さんはいとおしそうになでる＝倉敷市

訪問特化の小児科医

倉敷　体調急変の不安軽減

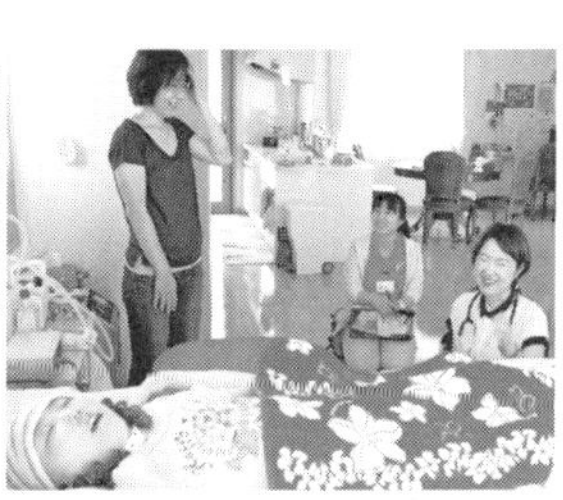

松村さんを訪問診療する中川医師（右端）

子どもが家で医療的ケアを受ける家族にとって大きな不安は体調が急変したとき。病院に行くべきかどうか迷う。医療機器をつけていると日ごろの通院も大変だ。その不安や負担を軽くするのが医師の訪問診療。倉敷市大島、つばさクリニックの中川ふみ医師（36）は全国でも数少ないという訪問専門の小児科医として在宅療養を支えている。

もともとは鳥取大病院のNICUの医師で、子どもの体調が安定しても退院できないケースを何度も見てきた。転機は倉敷中央病院へ移った2012年。大学の同級生で内科医の中村幸伸院長（37）が訪問に特化したクリニックを開業していることを知った。

「訪問診療があればNICUの子どもも家に帰りやすい」。昨年から非常勤医になり週2日診療。今年4月には常勤に転じた。今月開院したつばさクリニック岡山（岡山市北区奉還町）の院長も務めている。

現在の小児科の担当患者は12人。月2回程度、定期的に訪問するほか、同僚医師と協力し24時間体制で電話相談や往診に応じる。つばさクリニックは「家で最期を」と家族が望む入院患者も退院から支援し、これまでに5人の子どもを家でみとった。

担当患者の松村優花さん（14）＝倉敷市西坂＝は5歳の時、麻疹ウイルスによる難病の亜急性硬化性全脳炎に感染して寝たきりに。3年半の入院後、家に帰った。入院中も付き添った母親の真由美さん（48）は「家にいる妹のことも考え退院したが、体調がいつ急変するか分からず不安だった。今はいつでも相談でき、日々の暮らしまで余裕ができた」と喜ぶ。

中川医師は「子どもにとって家で過ごす意義は大人以上に大きい。病院だと厳しい顔をしていたのが、リラックスして表情豊かになる。穏やかに暮らす助けになりたい」と話している。

取材メモ

多様な選択を支えよう

▽…真奈実さんが診断された18トリソミーは、わが国でも昨年4月に始まった新出生前診断で分かるようになった染色体異常の一つ。このほか、ダウン症と13トリソミーが胎児にあるかどうかを妊婦の血液で調べる検査については、国内の医療機関で1年間に異常が確定した妊婦の97%に当たる110人が中絶したことが明らかになった。

▼…高い中絶率の背景にあるのは、障害のある子どもを育てることへの漠然とした不安だろう。だが、真奈実さんの母の亜由美さんは「ここ1年近くは体調が安定し入院もしていない」と、ゆっくりでも成長していることを感じていた。やはり18トリソミーの娘が6月、生後5カ月で退院し家で暮らし始めた倉敷市の別の母親（38）も取材に応じ「24時間一緒にいられ幸せ。決してかわいそうじゃない」と喜びを語った。

▽…新出生前診断で胎児の異常が分かった妊婦の中には妊娠継続を選んだ人もごくわずかだがいた。多様な選択を支えるためにも、医療的ケアが必要でも手厚い支援が受けられる安心感が大切だ。命の急場をしのぐ医療技術の進歩も「その後」を支えることができて初めて生きる。新生児だけでなく、高齢者に多いがんや脳卒中でも同じだろう。

（中浜隆宏）

介護者に休息必要　福祉サービス環境整備を

倉敷中央病院渡部主任部長に聞く

わたべ・しんいち　山口大卒。広島大病院などを経て1992年、倉敷中央病院小児科。2008年から現職。51歳。

医療的ケアを受けながら家で過ごす子どもや家族を支えるのに何が必要か。岡山県の小児在宅医療連携拠点事業で昨年度行ったアンケートの結果を踏まえ、倉敷中央病院の渡部晋一・総合周産期母子医療センター主任部長に課題を聞いた。

―在宅の重症児が増えているのはなぜか。

一つは18トリソミーのように以前なら助からなかった赤ちゃんを医療の進歩で救えるようになった。もう一つはNICUの病床確保のため、国が病院から在宅への移行を進めている。

倉敷中央病院も21床のNICUのうち2床は急患に備え空けている。そのため、体調が安定した子どもは後方支援のGCU（回復治療室）や慢性呼吸管理病床に移す。そこで両親にケアを指導し、外出や外泊も経験してもらい退院を目指す。人工呼吸器などの医療的ケアが必要な状態で退院した子どもは最近20年足らずで79人いる。

―こうした子どもの行き先は重症心身障害児（者）の入所施設もある。だが、県内の3施設はいずれも満員で入所待ちが多い。小児科病棟を持つ県内の13病院へのアンケートでは、6カ月を超す長期入院児23人のうち7人について退院できない理由に「施設入所を待っている」を挙げていた。入院が長引いて一緒に暮らさないと、親がわが子を受け入れられなくなるなど親子関係や子どもの発達にも悪影響を及ぼすという問題もある。やはり助かった子どもは家に帰したい。

―しかし、在宅療養への支援は乏しい。県内の訪問看護ステーションへのアンケート（回答率60%）によると、重症児を受け入れていたのは36%の18カ所、ヘルパー事業所（同41%）も36%の36カ所にとどまった＝グラフ。依頼のない事業所もあるが、訪問看護のうち6カ所は「新生児は経験がない」などの理由で受け入れを断っていた。

確かに福祉サービスの充実が必要だ。家族の要望が多いのは、特に介護者のレスパイト（休息）を兼ねた短期入所や日中の一時預かり。365日休みなしの介護だと家族はもたない。1カ月に1週間程度は子どもを預けて休息できるように環境を整えるべきだ。

こうした福祉サービスの情報収集や申し込みを家族自らがしなければいけないことも負担になっている。高齢者が介護保険のサービスを利用する場合ならケアマネジャーがしてくれる。重症児も調整役が必要だ。

また、特別支援学校による訪問教育を除けば、こうした子どもは教育を受ける機会も乏しい。医療と教育の連携も課題だろう。

ズーム　**小児在宅医療連携拠点事業**　NICUに長期入院するなど医療ニーズの高い子どもが退院後、在宅で安心して療養できる体制づくりを目指し国が昨年度から実施。初年度は埼玉、長野、岡山など8都県が、行政、医療・福祉関係者の協議▽地域の医療・福祉資源の把握―などに取り組んだ。岡山県事業は社会福祉法人旭川荘（岡山市北区祇園）が委託を受けた。

重症児者の受け入れ（岡山県内）

	受け入れている	受け入れていない
訪問看護ステーション（50ヵ所）	18	32
ヘルパー事業所（99ヵ所）	36	63

出典：2014年8月3日山陽新聞朝刊

1．言葉を調べてみましょう

（1） 在宅療養とは何でしょうか。

（2） 特別支援学校について調べてみましょう。

（3） 重症心身障害とはどのようなことでしょうか。

（4） 低出生体重児の意味を調べてみましょう。

（5） 先天性異常（染色体異常）とは何でしょうか。

2. この記事を読んだ感想をまとめてみましょう

3. 解　説

（1） 在宅療養

ノーマライゼーション思想を持ち出すまでもなく、もともと暮らしていた場所に戻るのは本来当たり前のことです。後追いの退院調整から、治療開始と同時に始める退院支援に移行する必要があります。それは「外来通院時からの在宅療養支援」の重要性です。「地域居住継続のための支援」「在宅療養継続（入院回避）のための相談・調整」が不可欠になるでしょう。がん患者や難病患者などの病態予測に基づいて、「今の暮らし」を継続するための在宅医療・ケアの体制を整えることが重要です。在宅療養を具体的に展開していく「在宅療養支援診療所」は、2006（平成18）年に診療報酬上に設けられました。患者の求めに応じて24時間往診及び訪問看護が可能な体制を確保しておくことが求められています。

（2） 特別支援学校

視覚障害児（盲）・聴覚障害児（ろう）・知的障害児・肢体不自由児・病弱児が対象です。他に小・中学校には、弱視・難聴・病弱及び身体虚弱・言語障害・情緒障害・知的障害・肢体不自由などのための特別支援学級があります。特別支援学校の設置は、都道府県に義務付けられています〔(旧盲学校・聾学校は1948（昭和23）年から、旧養護学校は1979（昭和54）年から)〕が、特別支援学級の設置は任意です。また保護者はその子女に対して、いずれかの教育を受けさせる義務を負っています。普通学級（学校）を含めてどこに進学するかを決めるのは、都道府県市町村の教育委員会の諮問委員会です。「就学指導委員会」が保護者に助言し、その希望を聞き入れながら検討します。特別支援学校及び特別支援学級に在学する児童の割合は、2013（平成25）年度、義務教育段階での全児童生徒に対して特別支援学校が約0.7%、特別支援学級が1.7%に相当します。

（3） 重症心身障害

心身障害の重い状態で、濃厚な介護を常時しかもそれを一生涯必要とする状態を意味します。重度の身体障害と知的障害を併せ持つ状態と言えます。1963（昭和38）年に厚生省が「重症心身障害児療育実施要綱」を示し、3つの条件を規定しています。これは1967（昭和42）年の「児童福祉法」の改正に伴い法制化されました。重度の知的障害とはIQ36 ～ 50で3級以上の身体障害を合併していることで、また重度の肢体不自由は1・2級の肢体不自由を意味します。(旧)重症心身障害児施設として、小林提樹（医師）が設立した島田療育園（東京）と、糸賀一雄が設立したびわこ学園（滋賀）が有名です。

（4） 低出生体重児

生まれた時の体重が2,500g未満の赤ちゃんのことをいいます。1,500g未満の赤ちゃんを極低出生体重児、1,000g未満の赤ちゃんを超低出生体重児とも呼びます。従来は「未熟児」という言い方をしていましたが、誤解を生むことが多いため、出生体重という分類から分けられました。低出生体重児の多くは、早産（妊娠22週から37週未満）で生まれた赤ちゃんです。正期産児に比べて、注意欠陥多動性障害、学習障害、聴力障害などになりやすい傾向があるとされています。在胎週数が28週未満だった超低出生体重児は、脳性麻痺や知的障害、視力障害などのリスクが高く、長期のフォローアップが必要です。全体の出生数に占める低出生児の割合は、約1

割弱とされていますが、その割合は年々増加しています。その原因は、母親の体質や妊娠中の生活習慣が影響していると言われています。このため飲酒と喫煙は厳禁です。低出生体重児は体温保持機能が低いので、自分で体温調節ができるようになる約2,000gに体重が増えるまでは保育器に入ります。ミルクを飲む力も、2,000gに達すれば自力で可能になります。低出生体重児は平均体重以上で生まれた赤ちゃんに比べて身長や体重が小さいまま成長していきますが、3歳児過ぎ頃から追いつき始め、6歳頃にはほとんどが、遅くとも9歳頃までには追いつくとされています。

（5） 先天性異常（染色体異常）

原因には遺伝子的要因と環境的な要因が考えられます。20世紀の初めは、先天性異常は先天性代謝異常と定義されていて、その原因の多くは酵素異常を伴い、化学的な検査で診断され決められていました。しかし近年では、遺伝子的な要因も考えられるようになり、先天性難聴や発達障害、知覚障害などの発達に関わる疾患も、この遺伝子異常からくることが分かってきました。しかし最近の科学の進歩により、どこからどこまでを先天性というのか定義がとても曖昧になってきています。例えば成人してから発症することが多い「ハンチントン病」「筋強直性ジストロフィー」、また子どもの時に発症することが多い「代謝性疾患」「変性疾患」などがあります。これら先天性異常は、母親の胎内にいる時に「羊水」を調べることによって判明するようになっています。

（6） 身体障害者の現状

身体障害者とは、「身体障害者福祉法」別表に掲げる身体上の障害がある18歳以上の者であって、都道府県知事から身体障害者手帳の交付を受けた者です。

内閣府の平成26年度版障害者白書によれば、その数は約394万人。在宅者の割合は98%で、知的障害や精神障害に比べて最も割合高いです。一方で65歳以上が69%と高く、しかも急速に進んでいて、その支援策の充実が求められます。視覚障害が約5%、聴覚言語障害が約16%、肢体不自由が約46%、内部障害が約19%、重複障害が約14%となっています。

（7） 身体障害者に対する施策

福祉サービスは「身体障害者福祉法」「児童福祉法」「障害者総合支援法」によって規定されています。交通機関の割引や税の優遇措置など各種の制度においては、身体障害者手帳が活用されています。手帳の取得のための身体障害者更生相談所の役割は、身体障害者の更生援護の利便や市町村の援護の支援のために、都道府県に設置が義務付けられています。ここには身体障害者福祉司が配置されていて、障害者支援施設への入所などの措置、障害者総合支援法における介護給付費などの支給要否の決定、市町村の自立支援医療費支給の認定や市町村の補装具費支給の認定などに際して意見を述べることなどがあります。

（8） 身体障害者の施設

身体障害者の利用可能な施設として、入所施設としては、例えば「障害者総合支援法」による障害者支援施設があります。このほか、「身体障害者福祉法」第3章では、身体障害者社会参加支援施設、身体障害者福祉センター、補装具製作施設、盲導犬訓練施設、視聴覚障害者情報提供施設を定めています。

（竹内　公昭）

記　事

ケースナンバー187

生体肝移植に臨む

編集委員　池本　正人

薬飲まねば肝臓廃絶

生きていくにはお金がかかる。それはみんな同じなのだが、臓器移植患者は手術後もずっと高額の医療費を背負わねばならない。

連載第9回でも触れたように、2008年6月29日に一時退院するまでの医療費（保険給付額）は1337万円余りに上ったが、10日後に再入院し、さらに医療費はかさんだ。結局、手術から1年間の総額は約1995万円。家を一軒建てられる金額になった。

健康保険が適用され、病院で3割を支払った。高額療養費制度により、限度額を超えた部分は後日、払い戻しを受けられる。協会けんぽ加入の私の場合、ほぼ毎月83400円（所得により3段階）の自己負担だった。もちろん、差額ベッド料や給食費などが別途加算される。

1級障害者

容体が安定し、外来通院に切り替わっても、医療費は重くのしかかる。私は月3万円前後の自己負担で済んでいるが、服薬量が多い患者は2倍、3倍の支払いに追われてきた。

特に、幼くして移植した子どもたちは、ずっと将来への不安を抱えていた。胆道閉鎖症は子どもの難病（小児慢性特定疾患）に指定されており、移植後も無料または月数千円程度の自己負担でよいのだが、20歳になると助成は打ち切られる。

日本で生体肝移植が始まって20年。今後、成人を迎えるレシピエントがどんどん増えてくる。私たちは原則として生涯、高額の免疫抑制剤を飲み続けなければならない。進学、就職、結婚…。医療費は人生の節目ごとに重い足かせになる。

「胆道閉鎖症の子どもを守る会」は、移植の道を選択しない患者も含めて成人の難病（特定疾患）の対象に追加し、成人後も救済するよう、厚労相に要望書を提出していた。

今年4月、要望の一部は違った形で容れられた。重度の肝機能障害患者に対し、身体障害者手帳が交付されることになった。子ども、成人の別なく、移植後、免疫抑制剤を服用していれば1級障害者に認定される。

専門家による厚労省の検討会は、移植によって日常生活に支障のない状態に回復しても「抗免疫療法を実施しないと再び肝機能廃絶の危険性がある」として、私たちを障害者と認定することが適当と判定したのだ。

1級障害者の医療費は原則1割の自己負担となる。軽減はとてもありがたいのだが、レシピエント仲間に尋ねると、障害者と呼ばれることにはみんな複雑な思いのようだ。

私たちは社会の理解によって「生かされて」いる。何度も強調してきたように、移植は極めて「社会的な」医療なのである。

詳しくは触れないが、連載第26回で取り上げた肝がんの移植適応を左右する「ミラノ基準」の解釈をめぐり、手術後に健康保険適用を却下され、突然、数百万円の自己負担を請求された方もいる。

経済的な理由で命をあきらめない、みんなが平等に挑戦することができる社会を実現することこそ、「命を守る」政治の役割だと思う。障害者手帳を取り出すたび、その意味をかみしめたい。

＝月曜日掲載

メモ　**身体障害者手帳**　身体障害者福祉法に基づいて交付される。視覚、聴覚・平衡機能、音声・言語・そしゃく機能、肢体不自由とともに、内部障害として心臓、腎臓、呼吸器、ぼうこう・直腸、小腸の機能障害、HIVによる免疫機能障害が対象となっている。今回、厚労省の省令により、肝臓機能障害が追加された。移植レシピエントでなくても、肝機能検査の重症度分類で重度の状態が続いていれば、1級から4級の障害者に認定される。新たに全国で3万～5万人が対象になると推定されている。

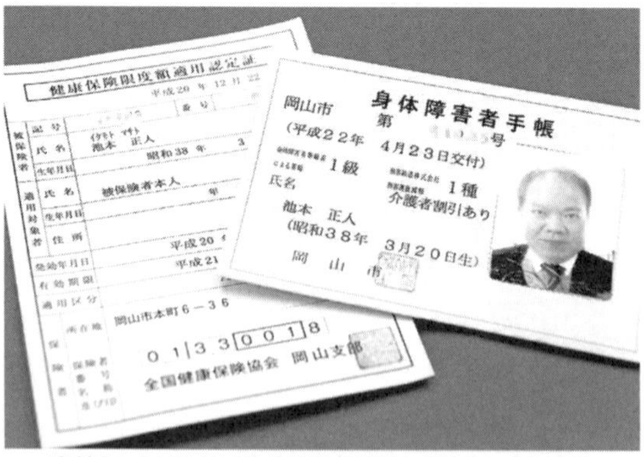

交付されたばかりの身体障害者手帳と入院中に高額療養費制度でお世話になった限度額適用認定証。移植患者の医療費負担を軽減する制度は段階的に整備されている

51

過去の連載記事が、山陽新聞社のウェブサイト「岡山医療ガイド」（http://iryo.sanyo.oni.co.jp）で読めます。

出典：2010年6月21日山陽新聞朝刊

1. 言葉を調べてみましょう

（1） 臓器移植とは何でしょうか。

（2） 医療費（保険給付費）について調べてみましょう。

（3） 難病と小児慢性特定疾病という用語を調べましょう。

（4） 身体障害者手帳とは何ですか。

（5） 免疫抑制剤について調べましょう。

2. この記事を読んだ感想をまとめてみましょう

3. 解　説

（1） 臓器移植患者（生体肝移植）

臓器移植とは、臓器を切り離して個体の他の場所に移し植えることで、臓器には腎臓、肝臓、心臓等があります。組織移植には皮膚、角膜、血液などがあります。提供者をドナーと呼び、受け取る者をレシピエントと呼びます。

臓器移植の始まりは、1902（明治35）年のウルマンによる動物実験とされ、臨床上の成功は1954（昭和29）年のマレーの一卵性双生児間の生体腎移植です。マレーの成功は、免疫学上の知見をもたらし、拒絶反応に対する組織適合性、免疫抑制剤の研究が始まりました。外科技術の向上、HLA抗原（移植臓器に対する拒絶反応に関わる抗原）の解明や、サイクロスポリンなどの免疫抑制剤の開発により、医学上の障壁は1970年代にはほぼ解決し、特に腎臓移植は広範に行われるようになりました。現在では、ドナーの確保が最大の課題となっています。

生体からの移植では、健康者にメスを入れることに対する倫理的な問題があります。死体からの移植の場合は、提供承認の確認方法や、提供臓器を誰に与えるのかに関してのシステム作りが必須です。また、脳死を死と認めるか、脳死者からの臓器の摘出や提供は許されるのか、という問題もあります。移植患者、提供者及びその家族と医療従事者との関係のあり方、移植手術後の患者への援助のあり方なども課題です。わが国では、1997（平成9）年10月に「臓器移植法」が施行され、2009（平成21）年に改正されています。

（2） 医療費（保険給付費）

医療保障の方式は、①社会保険方式、②公費負担・公的扶助方式、③保健サービス方式の3つに分けられます。医療費（保険給付費）は①に該当します。被保険者は医療保険の保険料を納め、傷病という保険事故に対して医療または医療費の保険給付がなされます。給付は医療の現物給付と、被保険者が支払った（現行は原則3割負担）額を除いた現金給付です。いずれも被保険者の医療費の負担軽減が直接的な目的であり、相互扶助的性格をもちます。ただし低所得者等に対しては大幅な国庫負担がなされ、生活保護受給者には②の方式が適用されます。他に法定伝染病などに対しても無料（財源は租税）の措置が取られます。③は租税を財源として、すべての国民に対して予防からリハビリまでの包括的な医療・保健サービスを提供する制度です。

（3） 難病と小児慢性特定疾病

「難病・奇病」などと一般的には難治性疾患を指して用いられます。1972（昭和47）年、スモン患者らの要請に応じて、当時の厚生省が「難病対策要綱」を開始した時の対象として「難病」が行政的に特定されました。定義は、①原因不明で治療法が未確立で、かつ後遺症を残すおそれが少なくない疾病、②経過が慢性にわたり、経済的問題のみならず、介護などに著しく人手を要するために家族の負担が重く、また精神的にも負担の多い疾病です。2015（平成27）年7月1日現在で「難病」に特定され、医療保険の自己負担分を助成されている疾病は306です。なお各都道府県が独自に特定し、対策を講じている疾患もあります。特に在宅療養・在宅ケアの充実に対する要望が高まっています。一方で、健康保険制度や「老人保健法」（現在の「高齢者医療確保法」）の改正で在宅療養が促進され、在宅療養の希望が薄い人々も退院せざるを得ない状況も生じています。

（4） 身体障害者手帳

「身体障害者福祉法」で身体障害者障害程度等級表によって、障害の重い１級から７級までのレベルに分けられていて、１級から６級までに「身体障害者手帳」が交付されます。１級と２級を「重度」と呼び、それ以外を「中度」と呼んでいます。なお、同じ等級の２つの重複する障害がある場合には、１級上の障害になり、肢体不自由においては、７級に該当する障害が２つ以上重複する場合は６級となります。身体障害者手帳は、都道府県知事、指定都市市長、中核市市長によって交付されます。内容は全部で12種類です。視覚障害、聴覚または平衡機能障害、音声機能・言語機能またはそしゃく機能障害、肢体不自由（上肢・下肢・体幹)、心臓・腎臓または呼吸器の機能障害などです。

（5） 免疫抑制剤

例えば「膠原病」の特徴である「免疫異常」などについては、ほとんどの場合、第１選択薬としてステロイド剤が使用されます。しかしその効果が期待どおり出ない場合や、副作用により中止や減量をしなければならないことがあります。その時の補助的選択として使用されてきたのが免疫抑制剤です。しかし治療効果の大きいこともあって、最近では広範囲に使用されるようになってきました。

（6） 難病の定義

難病の定義は（３）にも記していますが、以下の内容を付け加えます。患者数が国内で一定の数（約12万人未満）に達していないこと及び、診断に関し、客観的な指標による一定の基準が定まっていることです。なお、「がん」のように別個の対策の体系（「がん対策基本法」など）があるものは含まれません。

（7） 難病に対する施策

1972（昭和47）年から始められた「難病対策要綱」は世界で最初の取り組みです。「難病」と「小児慢性特定疾病」の対象が拡大され、医療費助成が受けられるようになりました。2014（平成26）年には、「難病の患者に対する医療等に関する法律」の成立と「児童福祉法」の改正により施策が法定化され、2015（平成27）年から施行されています。自己負担割合が３割から２割に引き下げられ、医療費助成の対象が、指定難病は56疾病から306疾病へ、小児慢性特定疾病は514疾病から704疾病に拡大されました。指定難病の診断を行う「難病指定医」や治療を行う「指定医療機関」を都道府県知事が指定します。各都道府県に難病専門病院を設置し、患者の就労支援や難病相談などの支援機能を強化しています。

（8） 難病の現状

難病患者は年々増加しています。2008（平成20）年度が約65万人、2009（平成21）年度で約68万人、2010（平成22）年度は71万人、2011（平成23）年度には約72万人となっています。2011（平成23）年度でみると、患者数が最も多いのは潰瘍性大腸炎の約13万3,000人、次いでパーキンソン病の約11万6,000人、全身性エリテマトーデスの約６万人となっています。

第8章　知的障害者福祉

記　事

強制不妊手術で人権救済申請へ　50年前、知的障害理由

知的障害を理由に約50年前、旧優生保護法に基づく不妊手術を強制的に受けさせられたのは人権侵害に当たるとして、宮城県の60代の女性が近く日弁連に人権救済を申し立てることが20日、関係者への取材で分かった。

1948年に施行された旧優生保護法は「不良な子孫の出生防止」を目的に掲げ、本人の同意を必要とせず知的障害者に不妊手術を施すことを認めていた。女性は「手術は幸福追求権を侵害しており違憲」とし、補償を含む適切な処置を国に勧告するよう日弁連に求める。

支援する新里宏二弁護士は「障害を理由に手術を受けさせられた女性は少なくない。実態を掘り起こしたい」としている。

出典：2015年6月21日共同通信

1. 言葉を調べてみましょう

（1） 旧「優生保護法」（現「母体保護法」）とはどんな法律でしょうか。

（2） 基本的人権の保障と人権侵害を調べましょう。

（3） 日弁連（日本弁護士連合会）とは何でしょうか。

（4） 幸福追求権について調べましょう。

（5） 障害児の早期発見（出生前診断）の問題点は何でしょうか。

2. この記事を読んだ感想をまとめてみましょう

3. 解　説

（1） 旧「優生保護法」（現「母体保護法」）

「優生保護法」は、優生学上の見地から不良な子孫の出生を防止する（病気や障害をもつ子どもが生まれてこないようにする）目的と、母性の生命・健康を保護する（女性の妊娠・出産する機能を保護する）目的を掲げて、不妊手術と人工妊娠中絶を行う条件と、避妊具の販売・指導について定めたものでした。「障害をもつ子どもの出生は家族と社会の負担であり本人の不幸だから、障害をもつ子どもを産む可能性のある人の生殖機能を奪っても構わない」という、障害者への偏見に満ちた考えを国が認めたという内容でした。また、「子どもを産んでよい人」と「子どもを産んではいけない人」を、国が選別するということでもあります。

最初の法律は1940（昭和15）年に「国民優生法」として、「障害者の断種を目的として」制定されました。兵士となる子どもを「産めよ、殖やせよ」という考え方で、避妊も中絶も不妊手術（優生手術と表現している）も一般には許されていない時代で、「遺伝性疾患」をもつ人に限って、本人の同意なしに不妊手術を認めた法律です。

「優生保護法」は戦前とは逆に、人口の増加をくい止めるために「国民優生法」をもとにして、中絶を許す条件と避妊の指導を付け加えた法律です。しかし優生手術の対象を「遺伝性疾患」だけでなく、「ライ病」や「遺伝性以外の精神病、精神薄弱（現知的障害）」に拡大し、本人の同意なしに優生手術を実施できるようにしました。「優生保護法」は1996（平成8）年に「母体保護法」に改題されましたが、差別的内容が完全に払拭されたものとは言えません。女性と障害者の権利を正当に保障しなければなりません。

（2） 基本的人権の保障と人権侵害

「日本国憲法」第13条は前段で「すべて国民は、個人として尊重される」と規定しています。これは、「国政上なすべき最大の配慮ないし尊重を要求している」という意味です。「人間の尊厳を保障する」という意味は、自由な個人の生活（生存）権を保障する政治的・経済的・諸制度の確立に努力することを要請しています。これは国家的課題であるだけでなく、個人一人ひとりの、また社会の課題でもあります。「自由権の主体が、生存権の主体になることで、人間は本当の意味で自由になれる」という考え方の意味は重いものです。生存権の主体でない者は、自由権の主体とはなりえません。人間の尊厳の思想は、永年にわたる人間社会の貴重な歴史的文化遺産であるとともに、現代社会の思想でもあり、我々には維持発展させていく重い義務が存在します。

（3） 日弁連（日本弁護士連合会）

「日本国憲法」の制定に伴い、戦後の司法制度が改革される中で制定された「弁護士法」に基づいて、1949（昭和24）年9月1日に設立された法人です。日本全国すべての弁護士及び弁護士法人は、各地の弁護士会に入会すると同時に、日弁連に登録しなければなりません。日弁連は健全な司法制度の維持発展のために国家機関からの監督を受けない自治権を有していて、弁護士など（弁護士法人・弁護士会を含む）の指導・連絡および監督を行っています。「弁護士法」第1条第1項は、「弁護士は、基本的人権を擁護し、社会正義を実現すること」を弁護士の使命と定めています。この使命のもと、消費者被害救済、公害・環境問題、市民に開かれた司法とするための司法改革運動などにも取り組んでいます。医師が病気の予防と治療に当たるように、弁護士は社会生活上の争いごとを予防し、対処方法や解決策を助言します。このように弁護士は「社会生活上の医師」なのです。

（4） 幸福追求権

「日本国憲法」第13条は「個人の尊重、生命・自由・幸福追求の権利」をうたっています。これまでは第25条「健康で文化的な最低限度の生活を営む権利」が強調されてきましたが、「最低限度」の強調によって、管理的、集団的、恩恵的という批判がありました。具体的には、自己選択・自己決定を重視した「施しの福祉から、誇りの社会福祉へ」という転換が求められています。ただし、この基本的人権は「侵すことのできない永久の権利」とされていますが、「公共の福祉」によって制約されます。基本的人権を制約できる「公共の福祉」には、内在的制約という、自由権の衝突を調整する原理が存在します。

（5） 障害児の早期発見（出生前診断）の問題点

出生前に外表奇形や先天異常がないかを、出生前に調べる検査のことです。その方法としては、超音波検査・羊水検査・母体血清マーカー検査・絨《じゅう》毛《もう》検査の他、2013（平成25）年4月からは、妊娠中の女性の血液に含まれている赤ちゃんのDNAを解析して、ダウン症など3種類の染色体異常の確率を検出する新型出生前検査が行われるようになりました。無論この検査は任意ですし、受けてその結果「どうするか」を夫婦でよく話し合っておかなくてはなりません。異常が分かっても「中絶する」か「生む」かは、夫婦に委ねられています。ご両親が、あなたが体内にいた時「羊水検査」を受けたと知ったら、あなたはどう思うでしょうか。

（6） 知的障害者の現状

知的障害者についての定義はありませんが、「精神保健福祉法」の精神障害者の定義の中に「知的障害者」が含まれています。しかし知的障害者の社会福祉サービスは、「知的障害者福祉法」や「障害者総合支援法」等によって行われます。知的障害者の総数は約74万人で、人口千人あたり約6人になります。この数字は、3障害の中で最小の値です。ただし在宅者の割合は約84%と、3障害の中で最も低い数字です。これは、知的障害者が在宅では暮らしにくいわが国の現状を反映しています。高齢化率は9.3%（2011（平成23）年）と低いですが、知的障害者が健康面での問題を抱えているという事情を示しています。障害の程度別で見てみると、最重度が約19%、重度が約24%、中度が約22%、軽度が約28%を占めています。精神障害者の場合と同様に、「親亡き後の生活」が本人にとっても、家族にとっても悩みの種です。一人暮らしが困難であれば、本人が望まない入所生活を選択せざるを得なくなります。

（7） 知的障害者に対する施策

1960（昭和35）年に「精神薄弱者福祉法」（1998（平成10）年に改題され現在は「知的障害者福祉法」）が制定されるまで、知的障害者に対するサービスは1947（昭和22）年制定の「児童福祉法」に依拠していました。1964（昭和39）年の改正では、知的障害者援護施設を「授産施設」と「更生施設」に分け、それぞれの役割を明確にしました。療育手帳が1973（昭和48）年から発行されていますが、これも法律ではなく事務次官通知によっています。障害の程度は、「最重度」「重度」「中度」「軽度」の4段階に分けられているのが一般的です。有効期限はありませんが、「次の判定年月日」が記載されている場合があります。「再判定不要」と記載されている場合もあります。その判定は、児童相談所または知的障害者更生相談所で行われ、都道府県知事に交付の申請を行います。知的障害者更生相談所には知的障害者福祉司が配置され、障害者支援施設などへの入所などの措置、「障害者総合支援法」における介護給付費などの支給要否の決定、市町村が行う自立支援医療費の支給、市町村が行う介護給付費などの支給について協力・援助を行います。

（8） 知的障害者の施設

知的障害者の利用可能な施設として、入所施設としては、例えば「障害者総合支援法」による障害者支援施設があります。

（竹内　公昭）

記　事

ホームレス、知的障害疑いが 3 割 名古屋市で調査

名古屋市中心部で生活する路上生活者(ホームレス)の 3 割に知的障害が疑われるとの調査結果を医療関係者や支援団体でつくるグループが 13 日までにまとめた。2009 年の東京での調査でも同様の結果が出ており、支援団体は「障害者が多いことを前提とした国レベルの政策や支援が必要」としている。

14 日に名古屋市で開かれる精神保健調査報告会で発表する。

調査は昨年 11 月、精神科医らが駅近辺などで暮らすホームレスに直接対面して実施。男性 106 人、女性 8 人の計 114 人に知能検査を受けてもらった結果、約 34%に当たる 39 人が、知的障害が疑われる知能指数 70 未満の人だった。

出典：2015 年 6 月 13 日共同通信

1. 言葉を調べてみましょう

（1） ホームレス（路上生活者）とはどのような人たちでしょうか。

（2） 知的障害について調べてみましょう。

（3） 知能指数（IQ）とは何でしょうか。

（4） 獄中障害者について調べてみましょう。

2. この記事を読んだ感想をまとめてみましょう

3. 解　説

（1） ホームレス（路上生活者）

習慣的に暮らす住居の確保への手立てに欠ける状態をいいます。社会関係の面から見れば、「家族・地域社会からの離脱」とも捉えられます。ドヤや飯場など非住宅を含めれば広くなり、野宿など路上生活者に限定すれば狭くなります。戦後しばらくは社会福祉の中に「浮浪者対策」という領域が存在しましたが、最近この用語を用いることはほとんどありません。ホームレスは、特殊で病理的現象と捉えるのではなく、貧困の一因として捉え直す必要があります。原因として、「心身の疾患（傷病や精神疾患など）」「経済的問題（借金など）」「家族問題（離婚など）」・「就労の問題（失業など）」等が挙げられます。「ホームレス自立支援法」が2002（平成14）年8月に制定され、国と地方自治体の責務を定めました。10年間の時限立法でしたが、5年間の延長（2017（平成29）年まで）が決まりました。東京の「山谷《さんや》」、横浜市の「寿町」、大阪の「釜ヶ崎」、名古屋の「笹島」などが、ホームレスが多い街として有名です。

（2） 知的障害

さまざまな原因によって脳の機能に障害を受け、知能の発達が持続的に遅滞した状態をいいます。1995（平成7）年の厚生省の知的障害者（児）基礎調査では、「知的機能の障害が発達期（概ね18歳まで）にあらわれ、日常生活に支障が生じているため、何らかの特別な援助を要する状態にあるもの」と定義しています。「精神薄弱」という用語が長く使用されてきましたが、誤解や偏見を招きやすいため1999（平成11）年に「知的障害」と変更されました。知的障害児・者は約46万人で、人口千人あたりで3.6人となります。身体障害者に比べて在宅の比率が低く、施設入所率が高いのが特徴です。専門的な判定支援を行う機関として、知的障害者更生相談所が設置されていて、知的障害者福祉司が配置されています。知的障害者相談員は非常勤特別職の公務員で、知的障害者の親や兄弟姉妹がつくことが多いです。児童相談所または知的障害者更生相談所において知的障害者だと判定された者に、都道府県知事、指定都市市長から「療育手帳」が交付されます（手帳の呼び名は統一されていません）。障害の程度は、最重度・重度・中度・軽度の4段階に分けられることが多いです。

（3） 知能指数（IQ）

知能検査の結果を表した数字です。従来の方法IQは、「精神年齢÷生活年齢×100」で表します。生活年齢は18歳程度に固定します。もう一つは「同年齢集団内での位置（偏差知能指数：DIQ）」を表すものです。従来からのIQはあまり使われなくなってきていて、近年はDIQが表示されることが多いです。より細かい検査方法では、「言語性知能検査」と「動作性知能検査」があります。言語障害者、非識字者などは言語面で、上肢（手・指など）に障害がある場合には記入が困難であることから記入する場面で特別の配慮をしなければなりません。また年少児や発達障害児の場合も、知能検査時の体調や感情的伏線によってIQが大きく変化することを理解しなければなりません。IQが50～69を軽度知的障害、35～49を中度知的障害、20～34を重度知的障害と呼ぶ場合もありますが、正確性にかけ目安に過ぎません。被験者の知的能力が、何歳の人の平均と同じかを表したものを「精神年齢（MA）」と呼びます。「知能年齢」と呼んだり、「発達年齢」と呼ぶ場合もあります。「生活年齢（CA）」は「暦年齢」「実年齢」と呼ばれます。成人後は知能の伸びが緩やかになり、老年になると下降していくため、精神年齢の概念は、成人後はあまり有用ではありません。したがって、児童の発達を見るのには適しているかもしれません。感情表現の豊かさや、仕事への意欲、人間関係を築く能力を示す「EQ」を重んじて、人材の登用や育成に活用しようという動きも高まっています。

（４） 獄中障害者の存在

獄中にいる障害者は、累犯障害者となる可能性が高いです。まず取り調べ段階において、障害を認識されないまま調書を作成されることが少なくありません。次に服役中の教育プログラムがないわけではないのですが、質量共に不十分です。獄中で自らの罪を認識し、罰を受けているという自覚がなければ、服役は無意味に終わります。さらに出所後のフォローがありません。収入の得られる仕事や信頼できる仲間などの条件が不足していれば、再犯の可能性はより高くなります。

（５） ホームレスの現状

「都市公園・河川・道路・駅舎その他の施設を故なく起居の場所とし日常生活を営んでいる者」は2012（平成24）年の政府の調査では約9,500人という数字が出されていますが、ネットカフェ・カラオケ・友達の家に泊まったりするなど住まいが不安定な状態である「ホームレスの状態にある人」の実数は遥かに多いといえます。高齢刑余者（刑務所を出所した人）・心身障害者・社会適応障害者・各種依存症者などがホームレス予備軍だと言えます。

（６） ホームレスに対する施策

生活保護につないで、生活の安定と健康チェック・障害チェックを行います。就労支援と心のケア（孤独への対応）が必要です。

（７） ホームレス自立支援事業

民間の「自立支援事業所」は彼らを保護・支援し、社会復帰の手助けを行っています。行政機関・社会福祉関係者・社会福祉施設などと連携し、公的機関の及ばない部分を担っています。行政機関や民間の事業所やNPO法人によって、炊き出し・夜回り・健康相談会・年末年始の緊急避難所の設置などが行われ、食事供与・物品供与がなされています。

（８）「生活保護法」に基づく保護施設

救護施設は、身体上または精神上著しい障害があるために日常生活を営むことが困難な要保護者を入所させて、生活扶助を行うことを目的としています。更生施設は、身体上または精神上の理由により養護および生活指導を必要とする要保護者を入所させて、生活扶助を行うことを目的としています。医療保護施設は、医療を必要とする要保護者に対して、医療の給付を行うことを目的とします。授産施設は、身体上または精神上の理由または世帯の事情により就業能力の限られている要保護者に対して、就労または技能の習得のために必要な機会および便宜を与えて、その自立を助長することを目的とします。宿所提供施設は、住居のない要保護者に対して、住宅扶助を行うことを目的とします。

（竹内　公昭）

第9章　精神保健福祉

記　事

精神科病床を大幅削減へ　長期入院解消で厚労省　「地域移行支援」新設

厚生労働省は29日、全国に約34万床ある精神科病床を今後、大幅に削減する方針を固めた。医療上の必要性は低いのに地域で受け皿がないため長期入院する「社会的入院」の解消に向け、新たに「地域移行支援病床」という区分を設定。2016年度以降の診療報酬改定などで病床削減と患者の退院を誘導し、 先進国の中で突出して多い精神科の入院患者を減らす考えだ。

精神障害者の長期入院問題に関する有識者検討会に同日、構造改革案として提示。多くの委員が理解を示した。検討会は地域移行に向けた対策を6月中にも報告書にまとめる。

厚労省案によると、地域移行支援病床では、生活能力を向上させる訓練を提供。現在は許可が必要な外出を自由にし、より「生活の場」に近い病床として、患者の退院を促す。

患者が退院して不要になった病棟については、福祉施設などへの転換を認める。ただ「単なる看板の掛け替え」との批判があるため、(1) 外出の自由 (2) 外部の福祉サービスの利用が可能 (3) プライバシーの尊重—を条件とし、病院とは異なる環境を担保する。

会合では、改革案に理解を示しつつも、実現するには、患者の生活能力の向上策や地域の受け入れ態勢の整備が不十分だとの意見が出た。多くの委員が支援病床の生活が長引くと退院が難しくなる恐れがあると指摘。「病床は『通過型』と位置付けるべきだ」として、積極的に退院を促す対策を盛り込むよう求めた。

精神科病院に1年以上の長期間入院している患者は約20万人に上り、10年以上も約6万5千人いる。認知症による入院も増えており、長期入院のうち約3万人は認知症患者。

出典：2014年5月30日共同通信

1. 言葉を調べてみましょう

（1） 精神病床について調べましょう。

（2） 社会的入院（長期入院）とは何でしょうか。

（3） 地域移行・地域定着支援事業について調べましょう。

（4） 診療報酬（改定）とは何でしょうか。

（5） 訪問サービスについて調べましょう。

2. この記事を読んだ感想をまとめてみましょう

3. 解　説

（1） 精神病床

「長期入院の温床」と批判され、全国に約 34 万床ある病院の病床のうち精神疾患を有する者を入院させるためのものをいいます（「医療法」第７条第２項第１号）。それを地域移行に向けて、居住施設に転換しようという案が出されています。厚生労働省は病院敷地内の建設を認めていますが、当事者や家族は「隔離収容政策」が続くという理由で強く反対しています。精神障害者は約 30 万人以上が入院していて、その中で１年以上の者が約 20 万人を占め、10 年以上も約６万5,000 人います。入院している必要がない人たち（社会的入院）を地域に帰す取り組みを強めること、退院意欲を喚起して外部との交流を深め、地域生活に慣れるための訓練を充実させるなどの取り組みが求められます。一方で病床の減少により不要な病床が出てくるため、これをグループホームなどの居住施設に転換することを条件付きで認めています。背景にあるのは、退院した患者を地域で受け入れる態勢作りの遅れです。明治時代に精神医学の始祖として活動した呉秀三の言葉、「我が国に生まれた二つの不幸（発症したことと、行政の無策）」が十分に克服されたとはまだまだ言い難い現実があります。

（2） 社会的入院（長期入院）

この現象は疾患自体の難治性・慢性性ばかりではなく、多様な社会的・文化的要因も複雑に関与しています。難治性疾患に対する社会的偏見（社会防衛論）の存在、家族の介護機能の低下が指摘されます。さらに長期入院が、新たな別の疾患ないし弊害を生みます。これらの弊害を、ホスピタリズムあるいはインスティテューショナリズムと呼びます。長期入院ないし「患者」という生活様式が、患者の退行現象や受身的依存性などを高めて、社会復帰の可能性を低下させます。以上の反省の上に、早期退院、地域医療（生活）の必要性が指摘されています。また治療や療養において、疾患への対応ばかりでなく患者の生活条件（家族支援や地域の協力）を視野に入れることが重要です。

（3） 地域移行・地域定着支援事業

長期入院患者を地域に移行し、入院患者の減少と地域生活への移行や地域生活の継続を図る事業です。しかし患者や家族は病院の敷地内にグループホーム等の住居を作るのであれば、「病院による抱え込みの状況は変わらない」と強く反対しています。「病院は病気を治療する場所で、住む場所ではない」と主張しています。病院のソーシャルワーカーも、「退院させることを私たちが本気でやると、たくさんの人が地域に出ていける」と感想を述べています。一方で退院した患者を受け入れる地域の態勢は、決して十分だとは言えません。「普通に働いて、一人で生活し、暮らす」ことは本人にとっても、見守る地域の人々にとっても、それほど簡単なことではありません。従来の地域社会が「弱体化」しつつある現在、その立て直しは急務です。医療費の削減を図りたい行政、収入の落ち込みを少なくしたい病院、受け入れ態勢の不十分な地域、それぞれに課題を抱えているのが現状だと言えます。

（4） 診療報酬（改定）

保険診療の際に医療行為などの対価として計算される報酬です。医療行為などを行った保険医療機関・保険薬局の収入となります。医師や看護師、その他の医療従事者の医療行為に対する対価である技術料、薬剤師の調剤行為に対する調剤技術料、処方された薬剤の薬剤費、使用された医療材料費、医療行為に伴って行われた検査費用などが含まれます。わが国の保険診療の場合、診療報酬点数表に基づいて計算される点数で表現されます。患者はこの一部（現在は原則3割）を窓口で支払い（自己負担)、残りは公的医療保険から支払われます。保険を適用しない自由診療の場合の医療費は、診療報酬点数に規定されず、患者が全額を負担します。保険診療と自由診療との混合診療の場合も全額自己負担ですが、保険外併用療養費制度の対象となるものは保険診療との併用が認められます。

（5） 訪問サービス

ホームヘルプサービスの一つで、訪問看護（看護師など)・訪問介護（介護士など)・訪問リハビリテーション（理学療法士や作業療法士など)・訪問薬剤管理指導（薬剤師)・訪問栄養食事指導（管理栄養士など）の種類があります。医師の訪問診療（往診）もその一つです。これに、通所（デイ）サービス、短期入所（ショートステイ）サービスを入れて、在宅生活を維持する「3本柱サービス」と呼びます。これらのサービスを組み合わせることによって、できるだけ「入所施設生活」を回避しようという方針です。以前は「家か施設か」の選択を迫られましたが、現在では選択肢が増え、しかも在宅生活の希望がかなり叶えられるようになってきました。

（6） 精神障害者の定義

「精神保健福祉法」によれば精神障害者とは「統合失調症、精神作用物質による急性中毒又はその依存症、知的障害、精神病質その他の精神疾患を有する者をいう」と定義されています。ただし、知的障害者に対する福祉は「知的障害者福祉法」「障害者総合支援法」等によって行われるので、この法律では知的障害者の福祉分野は除かれています。

（7） 精神障害者の現状

精神障害者の総数は、約392万人です（内閣府の平成29年度版障害者白書による)。人口千人あたり、約31人です。欧米先進国に比べて、長期入院患者の多さ（約32万人）と入院日数の長さ（約300日）が常に話題に上ります。患者の退院と社会復帰を目指そうとしない病院と、精神障害者を受け入れようとしない、わが国の地域社会の性格が読み取れます。地域生活を維持するためには、就労の場の確保、住む家、日中を生き生きと過ごせる場所、頼りになる仲間の存在が不可欠です。通所の事業所と地域支援センターに通っている数字を合わせても、医療機関のデイケアおよびナイトケアに及ばないのが実情です。医療機関の保護（囲い込み）から脱していない現実が見えてきます。

（8） 精神障害者に対する施策

1950（昭和25）年にまず「精神衛生法」として制定されました。1965（昭和40）年には「通院医療費公費負担制度」が創設され、「障害者総合支援法」による自立支援医療に引き継がれています。1987（昭和62）年の法改正（翌年施行）では、精神科病院の不祥事続発を受けて「精神保健法」と改題され、社会復帰施設として「精神障害者生活訓練施設」と「精神障害者授産施設」が創設されました。さらに1995（平成7）年には「精神障害者保健福祉法」と改称され、「精神保健」「精神医療」「精神障害者福祉」のための総合福祉法としての体裁を整えました。法の目的として、①精神障害者の医療および保護、②精神障害者の社会復帰の促進およびその自立と社会経済活動への参加促進のために必要な援助、③精神疾患の発生の予防その他の国民の精神的健康の保持増進が述べられています。

（9）精神障害者支援事業

精神障害者保健福祉手帳（1級から3級）が精神保健福祉センター（都道府県に設置義務）において判定され、都道府県知事から交付されます。更新のためには、2年毎に都道府県知事の認定を受けなければなりません。

（10）精神科病院の精神科特例について

これは1958（昭和33）年から2001（平成13）年まで43年間も適用されていました（現在も全廃されてはいません）。病院にとっては都合がよく、患者にとっては治療（サービス）の質の低下を招く制度です。医師の数は他科の3分の1、看護師の数は3分の2でよいというしくみです。少ない職員数でもよい代わりに、「診療報酬」は低く抑えられ、その結果、治療（サービス）の質の低下が引き起こされます。欧米諸国に比べて公立病院が約2割と圧倒的に少ない（経営を無視できない民間病院がほとんどを占める）現状では、その弊害は大きくのしかかります。

（竹内　公昭）

記　事

【精神障害者の家族支援】看護師らが自宅訪れ相談　英国手本に専門職養成へ

精神障害は患者本人も大変だが、家族の負担も大きい。そこで看護師らを自宅に派遣して家族の悩みを聞いたり、一緒に治療法を考えたりする訪問型の家族支援が注目されている。英国を手本に、家族会が専門職の養成に乗り出した。

「娘は薬をちゃんと飲んでいないんじゃないかしら」。3月中旬、千葉県内の病院の一室。統合失調症の娘（30）を持つ母親（67）が、作業療法士の足立千啓（あだち・ちひろ）さん（40）に相談した。「明日、自宅を訪問したときに聞いておきますね」と足立さんが応じた。

足立さんの勤務先は千葉県市川市の訪問看護ステーション。医師と連携し、自宅で暮らす精神障害者を定期的に訪問する生活支援サービスを提供している。患者本人とは別に、家族と話す時間を設けているのも特徴で、この日は病院で会った。

母親は足立さんらの助言を受け、娘と別の家で暮らす。「以前は2人だけで家にいて行き詰まっていた。支援を受けて娘は冷静になれたし、私も精神的に楽になった」と話す。

足立さんは「こちらから自宅へ出向き、現場で本人と家族の状況を直接見て支援することが必要だ」と指摘する。患者の世話に追われて疲弊している家族は多く、支援のニーズは高い。ただ人手不足などで訪問型の家族支援をする事業者は少ないのが実情だ。

家族を「障害者を介護する存在」ではなく「支援が必要な当事者」と位置付け、先進的な取り組みで知られるのが英国バーミンガムで行われている施策「メリデン・ファミリープログラム」だ。各地の家族会でつくる全国精神保健福祉会連合会は3月上旬、運営組織の責任者グレーン・ファッデン氏らを招き、京都と東京でシンポジウムを開いた。

同プログラムは1998年から訪問型の家族支援に取り組んでいる。家族一人一人と面談して悩みを聞き、患者の支援計画を家族と一緒につくる。訪問型の家族支援により精神障害者の疾患再発率が大幅に下がることが証明されているという。

日本では悩みを持つ家族同士が集まる家族教室が各地で開かれているが、ファッデン氏は「家族が集まって交流するだけでは、再発は減らせない」と指摘。「私たちも、家族支援が必要だと職員の意識を変えるのには時間がかかった。家族が専門職を巻き込んでいってほしい」と話す。

同連合会は、英語のできる看護師や精神保健福祉士らを2015年度からバーミンガムへ派遣する計画。同プログラムの手法を学び、帰国後に実践してもらうほか、研修会の講師を頼みノウハウを普及させる考えだ。川崎洋子（かわさき・ようこ）理事長は「私たちで実績をつくり、国に制度化を働きかけたい」と話している。

全国精神保健福祉会連合会が家族会の会員を対象に2009年度に行った調査（回答数約4,500人）では、「相談に乗るために訪問してくれる専門家」が不足しているとの回答が83%に達し、「定期的に相談できる専門家」が不足との答えも同様に83%あった。

家族のうち、80%は障害者本人と同居。障害の状態が悪化して「近隣とのトラブルなどで肩身の狭い思いや孤立感を覚えたことがある」と答えた人が50%いた。「家族自身も精神的不調で薬を服用したことがある」との回答も38%に上り、家族も精神的に厳しい状況に置かれていることが浮き彫りになった。

障害者本人については、29%が福祉サービスの利用も就労もしておらず、引きこもり状態とみられた。75%は1カ月以上、治療を中断したことがあった。

同連合会は「精神科に入院していた人が退院しても家族が支えきれず、症状が悪化して再入院という悪循環が起きている」と指摘している。

出典：2014年4月14日共同通信

1．言葉を調べてみましょう

（1） 全国精神保健福祉会連合会を調べましょう。

（2） ひきこもりとはどのような状態でしょうか。

（3） 精神保健福祉サービスとは何でしょうか。

（4） 治療方法について調べましょう。

（5） 再入院の現況はどうなっていますか。

2. この記事を読んだ感想をまとめてみましょう

3. 解　説

（1） 全国精神保健福祉会連合会

この会は公益社団法人で、精神障害者の家族の全国組織です。愛称は「みんなねっと」です。以前の組織（全国精神障害者家族連合会）が不祥事によりいったん解散し、2007（平成19）年に再スタートしました。現在全国には約1,200の家族会があり、約3万人の家族会員が各地で交流し活動しています。47の都道府県連合会はこの会の正会員となっています。精神疾患・精神障害について啓発・普及をすすめているほか、医療・社会福祉制度や行政施策を改革するために活動しています。また、学習会や相談技能の研修会を通じて、家族が力をつけるための支援をしています。機関紙『月刊みんなねっと』を発行しています。ホームページはhttp://seishinhoken.jp/profileです。

（2） ひきこもり

「自宅にひきこもって、社会参加をしない状態が6ヶ月以上持続しており精神障害が第一の原因とは考えにくいもの」と定義されます。パソコン通信や電話で外部の人との接触がある人や、家事などをして家族と良好な関係を保っている人は該当しません。子から親への家庭内暴力が伴うケースも多く、1990年代から問題視され始めました。年齢的には中学生から見られ、40歳代の症例も見られます。不登校がきっかけになることが多いです。性別では男性が6割から7割を占めます。最近まで欧米には見られずわが国や韓国で発生しているので、子どもを依存させやすい東アジア的な親子関係が影響していると言われていましたが、欧米諸国（経済的先進国）でも存在することが報告されています。本人は対人関係への自信を喪失し、自己評価を下げます。その生活態度とは裏腹に、社会で生きていけないことに対する焦りや苦悶があります。

（3） 精神保健福祉サービス

1988（昭和63）年の「精神保健法」では、精神障害者の「社会復帰に関する規定」が設けられました。社会復帰施設はそのための施設です。1995（平成7）年の「精神保健福祉法」では、在宅での暮らしを支えるサービスが開始されました。ただし、その数は少なく、サービスの質も十分とは言えません。その後の「障害者自立支援法」を経て現在は「障害者総合支援法」のサービス体系に組み込まれています。

（4） 治療方法

通院で安定する場合が多い症状（うつ）と、入院が必要になる症状（統合失調症）があります。精神療法（心理的側面から治療を試みる）にはカウンセリング・自律訓練法・臨床動作法・精神分析療法・行動療法・内観療法・認知療法・社会生活技能訓練・芸術療法・心理劇療法・箱庭療法・短期療法・集団療法・森田療法・家族療法など多くの方法があります。心理療法と呼称は違っていますが、内容はほとんど同じです。身体療法（身体面から精神疾患の治療を試みる）には、電気けいれん療法・高照度光療法・迷走神経刺激療法・経頭蓋磁気刺激療法などの療法があります。薬物療法（抗不安薬・抗うつ薬・抗てんかん薬・鎮静剤・催眠薬など）もあります。

（5） 再入院の現況

言われるほどには再入院の数は多くなく、大多数の退院者は施設を含めた地域での生活を継続できています。病状の再燃（服薬中断）が良くコントロールされて、悪化しても長期化せずに済んでいます。一方で、再入院した者の退院先は独立型入居が多く、自殺者も独立型入居者でした。単身者で家族（両親）との同居率が低く、それに代わる地域生活が営めていませんでした。受けているサービスは通所（デイケア）・訪問型（訪問看護）の医療支援で、病院関係者や周囲の支援者に支えられながら地域生活を継続し、病院内では不十分だった「自由」を感じて、今の生活の継続を望んでいます。独居者にホームヘルプサービスは欠かせず、その他の社会福祉系支援の利用率も高いといえます。さらにきめ細やかな支援の必要（本人からの要望も）があります。再入院の抱える課題は、症状・生活技能・家族の支持機能（理解、協力、支援）・経済面・社会的支持などと幅広く、1 施設や 1 病院だけで対応するのは困難です。

（6） ひきこもりの現状

NHK ネットワークによると 2005（平成 17）年度のひきこもりは 160 万人以上で、2015（平成 27）年現在はそれ以上の数字になっていることは予測がつきます。稀に外出する「準ひきこもり」を含めれば 300 万人以上存在すると言われています。厚生労働省の調査結果では、ひきこもりを経験した者は1.2%、特に現在20歳代の者では2.4%が一度は引きこもりを経験しています。高学歴家庭では、約 20 人に 1 人（5%）がひきこもりを経験していて、家庭経済の困窮はひきこもりとは関係が見られません。近年はひきこもりの長期化や、社会に出た後にひきこもりになってしまうケースなどにより、30 代、40 代の年齢層が増大しています。引きこもりの平均年齢は 30 歳を超え、40 歳代も 2 割近いという調査結果が出ています。

（7）「ひきこもり」に対する施策

窓口は精神保健福祉センター・保健所・保健センターなどです。薬物療法を必要とする者、生活・就労支援が必要となる者、心理療法的支援が必要となる者がいます。

（8）「ひきこもり」支援事業

公的な支援事業としては、「ひきこもり地域支援センター」が 2009（平成 21）年度から都道府県および指定都市に設置されています。ひきこもりに特化した専門的な第 1 次相談窓口としての機能を有し、社会福祉士・精神保健福祉士・臨床心理士などのひきこもり支援コーディネーターを中心にして、関係機関との連携やひきこもり対策にとって必要な情報を広く提供するといった、地域におけるひきこもり支援の拠点としての役割を担います。

2013（平成 25）年度からは「ひきこもりサポーター養成研修、派遣事業」が実施されています。ひきこもりの長期化や高齢化、それに伴う本人や家族からの多様な相談にきめ細かく、かつ、継続的な訪問支援事業などを行うものです。各都道府県・指定都市において訪問支援などを行う「ひきこもりサポーター」を養成し、そのサポーターを地域に派遣して訪問支援などを行っています。

（竹内　公昭）

第10章　児童福祉

記　事

岡山の待機児童

まだ実態を映していない

社説

「数字の魔法」に惑わされず、実態に即した対策を急がなければならない。認可保育所への入所を希望しても入れない「待機児童」のことだ。岡山市は４月１日時点で待機児童が１３４人に上ったと発表した。同市での待機児童の発生は２００２年度以来13年ぶりとなる。

岡山市の待機児童ゼロが実態とは違うという問題は、私たちもこれまで指摘してきた。各自治体は毎年、待機児童数を公表しているが、国の定義は曖昧で、例えば保護者が求職中や、入所できずにやむなく育休を延長した場合などを含めるかどうかは自治体の判断に委ねられていた。数を小さく見せることも可能であり、「保護者をだますのは不誠実。同じ基準で数えるべきだ」（保坂展人・世田谷区長）といった声も上がっていた。

このため、国は本年度から定義の一部を見直した。保護者が求職中の場合は待機児童に該当すると明記したため、これまで除外していた岡山市や倉敷市などで待機児童が膨らんだ。岡山市の１３４人は全員が求職中のケースだ。倉敷市も待機児童が１８０人（前年同期28人）で、うち１６９人が求職中という。

一方、やむなく育休を延長した場合などを含めるかどうかは自治体側の裁量が残された。定義を見直せば待機児童が急増しかねないとの自治体側の反発もあったという。しかし、そもそも待機児童数は、子どもの預け先に困っている保護者の実態を映していなければ意味はない。その数に基づいて対策を進めなければ、解消は進むまい。

最も実態に近いのは、入園を申し込みながら入れなかった児童の数だろう。岡山市では今春、１万５４５３人が入園を申し込んだが、９３８人が入れなかった。このうち、待機児童にカウントされたのは１３４人だけだ。同市によれば待機児童から除外した８０４人は、育休を延長するなどして特定施設の空きを待っているケースという。

特定施設の空き待ちといえば保護者の勝手のようだが、そもそも岡山市内の施設の定員は１万４千人余しかない。仮に保護者がどこの施設でもいいと考えたとしても、入れない計算になる。

岡山市では「待機児童ゼロ」とした02年9月から、こうした未入園児が数百人規模でおり、12年度以降は９００人を超す。未入園児数も公表はしてきたが、対外的に「待機児童ゼロ」を宣言したことで危機感が薄まり、対策が遅れた面もあったのではないか。

待機児童の解消は、少子化対策を進める上で不可欠だ。さらに、地方創生で移住者の増加が期待される中、保育所に入れるかどうかは子育て世代が移住先を決める大きなポイントでもあろう。

岡山市は段階的に施設整備を進め、19年度には保育所不足を解消したいとするが、未入園児の数に基づき、対策を急ぐ必要がある。

2015.6.20

出典：2015年6月20日山陽新聞朝刊

1．言葉を調べましょう

（1） あなたの住んでいる自治体の待機児童数の定義はどうなっているでしょうか。

（2） 認定こども園の４種類を調べましょう。

（3） 保育教諭とは何でしょうか。

2．この記事を読んだ感想をまとめてみましょう

3. 解　説

待機児童問題は、なぜ解決しないのでしょうか。あげられる理由は共働き夫婦の増加です。1986（昭和 61）年の「男女雇用機会均等法」施行以降、経済状態の悪化やライフスタイルの変化などで働く母親が急増しました。その結果、待機児童は数万人を大きく超える状態が続いていると指摘されています。しかし、この数字でさえ、自治体によって「待機児童」の数え方が異なっていて、少なくみせているとも言われます。

そもそも、待機児童は 2000（平成 12）年まで許可保育所に入りたくて申請しても入れなかった子どものことを言っていました。つまり、やむを得ず認可外施設へ預けた場合も含めて、待機児童としてカウントしてきたのです。しかし、待機児童解消のために独自の補助金を認可外施設に助成してきた自治体からの反発で 1 年後の 2001（平成 13）年には、待機児童の定義が変更され、認可外に預けている場合は待機児童数から除かれるようになった経緯があります。

このように旧定義から新定義になったわけですが、待機児童は先述のように解消されていません。そこで、2015（平成 27）年 4 月から「子ども・子育て新支援制度」が開始されました。認可保育所に入れない都市部における待機児童の問題を解決することが狙いです。

同法における給付は、子ども・子育て支援給付と地域子ども・子育て支援事業の 2 つからなります。ポイントは、認可外施設を「地域型保育給付」という新しい仕組みで国が財政支援をすることです。具体的に述べると、国より緩い基準で自治体が独自に補助する東京都の認証保育園などを国の枠組みに入れ、保育の受け皿を広げるのです。さらに、「施設型給付」として同じ施設において、保育所と幼稚園と連携して、一体的な運営を行うことにより、認定こども園としての機能を果たすことも目玉です。同園は、2006（平成 18）年に創設されました。この園の一類型の幼保連携型認定こども園を中心に認定こども園の普及が進められます。

しかし、幼保連携型認定こども園は近藤によれば「これまで 3 歳以上児を主に保育してきた幼稚園が、3 歳未満児を受け入れるには、乳児保育に関する経験を蓄積させること、保育者を確保すること、給食を実施する設備投資にも費用がかかるなどの課題もある」と指摘があります[1)]。

子ども・子育て支援法による給付

子ども・子育て支援給付	地域子ども・子育て支援給付
・児童手当 ・施設型給付 保育所 ⇒ 0 ～ 5 歳※「児童福祉法」第 24 条 1 項 認定こども園 ⇒ 0 ～ 5 歳※「児童福祉法」 第 24 条 2 項　幼保連携型・保育所型・幼稚園型・地方裁量型 ・地域型給付　※「児童福祉法」第 24 条 2 項 ①小規模保育事業（6 ～ 19 人） A 型・B 型・C 型 ②家庭的保育事業（1 ～ 5 人） ③居宅訪問型保育事業（子どもの自宅） ④事業所内保育事業（事業所の子ども + 地域の子ども）	・利用者支援事業（新規） ・地域子育て支援拠点事業 ・妊婦健康診査 ・乳児家庭全戸訪問事業 ・養育支援訪問事業その他要保護児童等に対する支援に資する事業 ・子育て短期支援事業 ・子育て援助活動支援事業 ・一時預かり事業 ・時間外保育事業 ・病児病後児保育 ・放課後児童健全育成事業 ・実費徴収に係る補足給付を行う事業（新規） ・多様な主体が本制度に参入することを促進するための事業（新規）

出所：吉川作成

なお、幼保連携型認定こども園には、学校教育と保育を担う「保育教諭」が置かれます。ですが既存施設からの移行を促すために、新制度施行後5年間は、幼稚園教諭か保育士資格のどちらかしか保有していなくても、「保育教諭」になることが可能です。

以上のように、待機児童の解消のため2015（平成27）年4月に「子ども・子育て新支援制度」がスタートしました。しかし、厚生労働省の待機児童の定義では先述したように認可外施設に入ることができた場合は数えません。さらに、今年度の新たな通知では、幼稚園の長時間預かりや一時預かりを利用した場合は待機児童として集計しません。したがって、国は待機児童の数え方について、認可された施設へ入ることのできない状態にある乳幼児たちなどとすべきです。なお、2017（平成29）年4月から新しい定義となり、保育所に預けることができず育児休業を延長したケースでは復職の意思を確認したうえで、待機児童として数えることとなりました。

（吉川　知巳）

引用文献
1）　近藤幹生：保育とは何か　岩波書店、111 ～ 112頁（2014年）

記　事

養護施設入所の子ども

親から虐待59%経験

厚労省調査　きめ細かいケア必要

全国の児童養護施設で暮らす2万9979人（2013年2月時点）のうち、親などから虐待を受けた経験がある子どもが59・5%に上ることが16日、厚生労働省の調査で分かった。08年の前回調査より6・1㌽上昇した。児童相談所による虐待対応件数の急増など問題が深刻化する中、安全確保のため親から引き離され、養護施設で暮らす子どもへのきめ細かいケアが求められる。

虐待を主な入所理由とする子どもは08年比4・8㌽増の37・9%で、調査を始めた1961年以降で最も高い。さらに、虐待以外の理由で入所した子どもも含め、虐待を受けた経験の有無を施設側が子ども本人や保護者から聞き取るなどした結果、全体の59・5%に当たる1万7850人が被害に遭っていた。

虐待の種類別（複数回答）では、食事を与えないなどのネグレクト（育児放棄）が63・7%を占め、身体的虐待42・0%、暴言や無視などの心理的虐待が21・0%、性的虐待が4・1%だった。

入所している子どもの平均年齢は11・2歳、入所時の平均年齢は6・2歳で、平均入所期間は4・9年。今後の見通しでは「自立まで現在の施設で養育」が55・1%を占めた。

中学3年生以上の8412人へのアンケートでは「元の家庭に帰りたい」との回答が14～15歳では40%以上あったが、16歳は34・7%、17歳は29・0%に低下。将来、施設を出た後に「自立して生活していく自信がある」とした子どもは29・1%にとどまり、継続的な支援の必要性が浮かび上がった。

知的障害や発達障害、身体的な障害がある子どもは08年比5・1㌽増の28・5%。虐待で心の傷を負った子どもも含め、専門的なケアの体制整備が急務となっている。

調査は児童養護施設や乳児院、児童自立支援施設、里親家庭などの子どもを対象に近年は5年に1回実施。こうした社会的養護を受けている子どもは、今回、計4万7776人だった。

出典：2015年1月17日山陽新聞朝刊（共同通信配信）

1．調べてみましょう

（1） 子ども虐待の発生要因について調べましょう。

（2）「児童虐待防止法」とはどんな法律でしょうか。

（3） 児童養護施設（歴史的経緯も含む）について調べましょう。

（4） 里親の４つの種類は何でしょうか。

（5） 高等教育機関への進学について調べましょう。

2. この記事を読んだ感想をまとめてみましょう

3. 解　説

児童養護施設には、家庭で生活できない子どもたちが生活しています。現在「孤児」は極めて少数です。代わって子ども虐待によるものの増加が多くなりました。

彼らの親は、経済苦に喘いでいて、児童福祉司だった山野は、日々の生活のなかで真面目に働いても生活するのにやっとの収入しか得られず、長時間労働に従事せざるを得ない親御さんや家族に出会うとしています[1]。また、松本によると、調査対象40例のうち、①生活歴を見ると「解雇・失業」の体験があるのは19例、「借金・多重債務、破産、経済的困窮」などの体験は26例、そのどちらかでは30例、4分の3になると報告しています[2]。② 23例のうち、課税世帯の7例に対して、非課税世帯は5例、生活保護受給世帯は11例です。③調査員の判断による生活程度は、「困難」が11例と「多少困難」の18例を合計すると29例と報告しています。これらの指摘から、施設に子どもを入所させる家族の背景には貧困があることがわかります。さらに、実質的には母子家庭が大半を占めていると見られています。

彼女らの就業状況については、2011（平成23）年には、80.6%が就業しています[3]。このうち、常用雇用者が39.4%、臨時・パートが47.4%です[3]。平均年収は291万円であり、子どものいる世帯の1世帯当たりの平均年収697万円と比べて低い水準です。したがって、ダブルワーク、トリプルワークとならざるを得ず、子どもと接する時間が希薄です。つまり、子どもの人間形成にとってもよくありません。加えて、母親自身が健康を損なったりしている状況もあります。さらに、先述のような過酷な状況下での雇用形態では、母親はストレスフルな状態となりそのはけ口は子どもへと向かいがちです。こうした影響で子どもたちは、児童養護施設へ入所してきます。

本来、こうした子どもたちは施設で集団養育されるのではなく、里親やファミリーホームなどで対応されるべきです。施設の担当職員は、交代勤務や転勤・退職などにより一貫した人間関係が持てません。つまり、子どもたちが将来、親となり、家庭をもち、子どもを育てるためには、自分が愛されるなどして「心のケア」が必要です。加えて、夫婦間の憎しみ合い、虐待、ネグレクトなど歪んだ家族・親子関係しか子どもたちは体験していないので、将来、結婚し自身の家庭を構築する際のモデルの学習にもなるのではないでしょうか。

さらに、青葉によれば里子が里親委託解除後も里親宅に継続して暮らしている例が多いと報告されています[4]。里子ひとりくらいなら高等教育機関への進学に際して、住むところ、学資の一部などを援助している状況です。同氏は、進学率は施設15%に対して里子27%であるとNPO法人ふたばふらっとホームの調査を紹介しています。このように子どもたちの進学に際して、児童福祉法では高等教育を補助の対象としておらず、里親の個人的な援助などで進学しているのが現状です。さらに、里親だった瀬戸口も里親委託解除後2年経過した今現在も2ヵ月に1回くらいのペースで泊まりに来る社会人になった元里子がいるといっています[5]。このように18歳を過ぎても里親が子どもたちを個人的に支援している状況です。　（吉川　知巳）

参考文献

1）　山野良一：子どもの最貧困　光文社新書、34頁（2010年）
2）　松本伊智朗ほか：子ども虐待と被虐待児童の自立過程における複合的困難と社会的支援のあり方に関する実証的研究：厚生科学研究所報告書、9頁（2009年）
3）　厚生労働白省：平成26年度　厚生労働白書　健康長寿社会の実現に向けて、273頁（2014年）
4）　武藤素明編者：施設・里親から巣立った子どもたちの自立　福村出版、161～163頁（2012年）
5）　喜多一憲ほか編集：児童養護と青年期の自立支援　進路・進学問題を展望する　ミネルヴァ書房、206頁（2009年）

第11章　母子父子寡婦保健福祉

記　事

第3部　「戦後システムの崩壊」

② 一億総中流の幻影

私たちはどこへ　戦後70年

母子家庭「貧困の泥沼」

戦後の経済成長が豊かさをもたらし、1970年代以降、国民の9割が自らを「中流」と呼んだ。その陰で、母子家庭の収入は際だって低い水準が続く。非正規労働に身を削る母親、舞い込む請求書、心に傷を抱える子どもたち。彼らにとって「一億総中流」の言葉は、遠い幻のようにむなしい。貧困の泥沼で苦闘する姿を報告する。

ふと気づいた。うちの子たちの笑顔が減っている。

代わりに増えたのは遠慮の言葉。夫が急死して約4年、東京に住む東由乃(44)はパート事務と飲食店員を掛け持ちし、高1から小4までの2男2女を1人で育てる。苦しい家計を察し、子どもたちに変化が表れた。

建設業を営んでいた夫の美太郎＝当時(42)＝は2011年4月、くも膜下出血で倒れ、亡くなった。主婦だった生活は一変。週3日は朝から午前0時すぎまで働き、他の日は家事と子どもの相手をする。家計は常に赤字で、夫の生命保険金はあと数年で底を突く。「将来を考えると怖い」

「大変だろ」

「今日はご飯を外で食べようか」と言うと、子どもたちは自分の知っている一番安い店を挙げる。誕生日も「何もいらないよ、大変だろ」の返事。気持ちが不安定になった長男は中学にほとんど行けなかった。次男も不登校傾向だ。

「昼夜働くとやっぱり疲れちゃう。子どもたちといる時間も少ない。気遣ってあげられなくて…もうちょっと安定した収入があれば」と由乃は遠くを見た。

戦後日本を支えた「中流意識」を持つ層は、政府の調査で1973年に9割を超えた。格差社会が叫ばれて久しい昨年の調査でも93・1%。「一億総中流」の意識はなお強いようにみえる。

だが、階層意識を研究する東北学院大の神林博史准教授（社会学）は「こうした調査で『中流意識』の比率が変わらないのは表面的にすぎない。詳しく分析すると、90年代以降、人々の意識が豊かな層と貧しい層に分かれてきたことが分かっている」と指摘。「一億総中流」はすっかり過去のものとの見方を示す。

貯金ゼロ

実際、生活が「大変苦しい」という世帯は全体で27・7%（2013年厚生労働省調査）。母子家庭はほぼ5割に跳ね上がり「やや苦しい」も合わせると85%に迫る。

10年に全国の母子家庭の母親が働いて得た年収は平均181万円だった。12年のひとり親世帯のうち、貧困と分類されるのは父子家庭を含めても54・6%で全世帯の16・1%をはるかに上回る。

「母子家庭は中流になんて絶対なれないですよ」。首都圏で2人の娘と3人で暮らすフミエ(52)＝仮名＝は苦笑した。夫の激しい暴力から逃げ、3年前ようやく静かな生活を取り戻した。有期雇用ながら仕事を確保し母子家庭としては「収入レベルは割と良い方」。児童扶養手当などを受け、月に20万円程度で「衣食住の面ではぎりぎり生活できる」という。

心配なのは自分の体。何かあれば直ちに収入が途絶える。非常用の資金がほしい―。それが「私の夢」だが、いつまでたっても貯金はゼロだ。

こつこつためるたび、臨時の出費が襲った。中学の制服や体操服に5万円。中学は武道が男女必修になり柔道着に8千円。賃貸住宅の更新料が家賃2カ月分。最近脚の痛みが悪化して手術が必要になり、自己負担の5万3千円を払った。アルバイトで臨時収入を得たら、児童扶養手当を減らすと通知が届いた。

求　職

東京・荒川区の「マザーズハローワーク日暮里」。昼すぎ、12人の母親たちが集まった。所内で開かれるパソコンセミナーの受講者だ。

託児室や授乳室を備え、求職者ごとに担当スタッフがつく。昨年9月の開所からことし2月半ばまでに、子育て中の女性345人が就職できた。登録して仕事が見つかった人の割合は36・6%。シングルマザーに限ると50・0%と高い。

同所の大谷典子・統括職業指導官は、自治体の支援もあって母子家庭の母親は求職時に子どもの預け先を確保済みの人が多く、有利に働く可能性があるとみる。

一方、面接で本来は選考と関係ないのにシングルマザーになった理由を聞かれることもあるという。「答えに詰まり、面接がうまくいかない場合もあり得る」と大谷。就職先で、好奇心からこうした話題を出されて働きにくくなる恐れも挙げ、社会の意識改革の必要性を示した。（敬称略、共同＝沢康臣）

出典：2015年3月16日山陽新聞朝刊（共同通信配信）

1. 言葉を調べてみましょう

（1） 母子・父子家庭について調べてみましょう。

（2） 母子・父子保健福祉に関する法制度を調べてみましょう。

（3） 母子・父子福祉資金の貸付について調べてみましょう。

（4） 母子・父子家庭への日常生活における支援について調べてみましょう。

（5） 母子・父子家庭への就業支援について調べてみましょう。

2. この記事を読んだ感想をまとめてみましょう

3. 解　説

（1） 母子・父子家庭とは

母子・父子家庭とは、配偶者のない女子・男子が児童を扶養している家庭のことです。また、配偶者のない女子・男子とは、離婚により配偶者とは婚姻していない、配偶者の生死が不明、配偶者から遺棄されている、配偶者が海外にあるため扶養を受けることができない、配偶者に障害があり長期的に労働能力を失っている等の者のことです。

（2） 母子・父子保健福祉に関する法制度

母子・父子保健福祉に関する法制度は、「女子に対するあらゆる形態の差別撤廃に関する条約」「母子及び父子並びに寡婦福祉法」「売春防止法」「配偶者からの暴力の防止及び被害者の保護等に関する法律」「母子保健法」「児童扶養手当法」「ひとり親家庭医療費助成制度」等があります。母子・父子への金銭給付、日常生活支援、就労支援は、「母子及び父子並びに寡婦福祉法（以下、法と略）」に定められています。

（3） 母子・父子福祉資金の貸付

母子・父子福祉資金の貸付とは、都道府県が配偶者のいない女子・男子の経済的自立と生活意欲向上、その扶養児童の福祉増進のために、事業開始資金、事業継続資金、児童の修学資金、技能習得資金その他を貸し付ける制度です（母子は法第13条、父子は法第31条の6）。

（4） 母子・父子家庭への日常生活における支援

日常生活支援事業とは、都道府県または市町村が母子・父子家庭の者の日常生活に支障を認めるときに、居宅等で乳幼児の保育、食事の世話、生活・生業に関する専門的助言、指導等を行う事業です（母子は法第17条、父子は法第31条の7）。また、生活向上事業とは家庭生活向上のために、母子・父子福祉団体と連携を図り、支援関連の情報提供、生活相談、学習支援等を行うことです（母子は法第31条の5、父子は法第31条の11）。また、地方公共団体が公営住宅の供給を行う場合、市町村が保育所等に入所する児童の選考及び放課後児童健全育成事業を行う場合、特別の配慮をします（母子は法第27条・第28条、父子は法第31条の8）。

（5） 母子・父子家庭への就業支援

第1に、国や地方公共団体の設置事務所・公共的施設の管理者が、児童を扶養している配偶者のいない女子や母子・父子福祉団体から売店等の設置の許可申請があれば、公共的施設内で、新聞、雑誌、たばこ、事務用品、食料品等の物品を販売、理容業美容業等の業務を行うために売店、理容所・美容所等を設置することを許すように努めます（母子は法第25条・第26条）。第2に、公共職業安定所が母子・父子家庭の母・父の雇用促進のため、情報の収集と提供、事業主に対する援助に努めます（母子は法第29条、父子は法第31条の9）。第3に、都道府県が就職希望の母子・父子家庭の母・父及び児童の雇用促進のため、母子・父子福祉団体と連携を図り、就職に関する相談に応じたり、職業能力の向上措置を講じたり、母子・父子家庭の母・父及び児童並びに事業主に対し、雇用情報及び就職の支援に関する情報の提供等の支援を行います（母子は法第30条、父子は法第31条の9）。第4に、都道府県が母子・父子に対する家庭自立支援給付金を支給します（母子は法第31条、父子は法第31条の10）。

（4）（5）のような母子・父子福祉に関する事業に関与した者は、正当な理由なしに、支援の中で知り得た秘密を漏らしてはならない、という守秘義務が課せられています。

（中　　典子）

参考文献

保育福祉小六法編集委員会編（2018）『保育福祉小六法　2018年版』みらい

記　事

新・地域考

非婚のひとり親 不公平解消を　広がる寡婦控除のみなし適用

オピニオン

1面から続く

岡山市先駆け　格差ゼロへ法の壁

「自治体は先例がないと、なかなか動いてくれない。いち早く英断をしてくれた勇気に感謝したい」

母子家庭を支援しているNPO法人「しんぐるまざあず・ふぉーらむ」（東京）の赤石千衣子理事長は「寡婦（夫）控除のみなし適用」を17年前に始めた岡山市をこう評価する。同NPO法人が把握する限り、全国で最も早く取り組んだ自治体だという。

同市の「みなし適用」の対象は保育園保育料。導入に至った経緯は明らかでないが、市保育園・幼稚園課によると、婚外子（非嫡出子）を養育するシングルマザー（ひとり親）が増えてきた社会情勢を踏まえ、同じ母子家庭ながら税制上の優遇措置に格差がある非婚のひとり親の負担軽減を目的に始まったという。

課をまたがって

全国に先んじて、みなし適用を導入した岡山市だが、すべての非婚ひとり親に適用してきたわけではない。

市は市内の非婚母子世帯数を把握しておらず、適用は自己申請のみ。積極的なPRもしていない。保育料の支払いが苦しいと相談を受ける中で非婚母子家庭と分かり、適用したケースもあるという。

2013年度のみなし適用は9世帯9人で、減免された保育料は55万4600円。

同市内では子どもが保育園に通っている母子世帯が1357世帯（13年度）。厚生労働省の11年調査では母子世帯のうち7・8％が非婚とされるだけに、適用世帯数が少ないのではとの見方もある。

保育園保育料にとどまる適用対象についても多くの後発自治体が先行するようになった。今年4月にみなし適用を始めた兵庫県赤穂市は保育料だけでなく、子育て家庭ショートステイ、市営住宅家賃など11事業が対象だ。

岡山市は市営住宅の入居抽選時に当選確率を優遇する措置を設けているが、家賃の減免措置などはない。多くの課にまたがっているみなし適用が可能な事業を統括する部署もない。

同市岡山っ子育成局の森本章明審議監は「保育料以外でみなし適用をするかどうか、市の統一した方針はまとまっていない。今後、他局とも何ができるか協議していきたい」とする。

審議予定なし

広がる非婚母子世帯へのみなし適用だが、自治体にできるのはあくまで各種料金の負担軽減。税を含むすべての格差をなくすには、寡婦控除を非婚世帯にも適用する法改正が必要だ。

自民、公明両党が昨年12月にまとめた「14年度税制改正大綱」で、検討事項に「寡婦控除のあり方を検討する」とした記述が初めて盛り込まれたものの、現段階で法改正は国会の審議日程にのぼっていない。

同NPO法人の赤石理事長は「目標は税法の改正だがそれまで放っておけない」と自治体のみなし適用による救済を歓迎しつつ、「適用を全国に広げるため、厚労省が各自治体に指示してほしい」と力を込める。

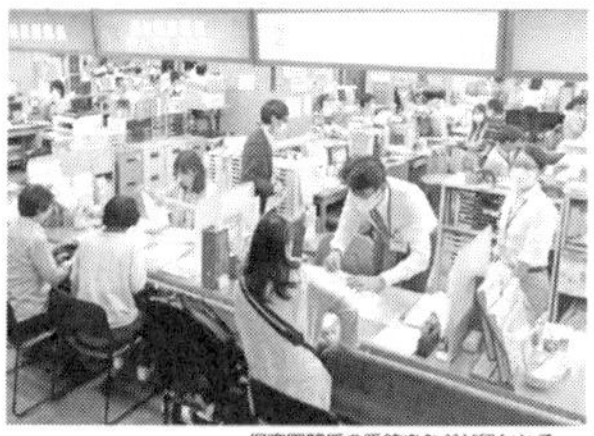

保育園関係の手続きなどが行われる窓口＝岡山市の北区中央福祉事務所

■　岡山市のケース試算　■

寡婦（夫）控除の有無で、負担はどの程度違うのか。岡山市のケースを例に試算してみる。

厚生労働省調査によると、2010年の非婚母子世帯の平均年間就労収入は160万円。これを年収（給与収入）と捉え、30代母と3歳児の家庭を想定して一定の条件下で試算した場合、所得税は年2万9000円、住民税5500円。寡婦控除があれば所得税1万1200円、住民税は非課税で、その差は2万3300円となる。

所得税額などを算定基準とする岡山市の保育園保育料＝表＝では、寡婦控除の有無による差が実に年18万円。みなし適用により、年収の1割を超える差が解消されるだけに、この年収層ではかなりの負担軽減につながる。

ただ、年収200万円、300万円での試算では差額は2、3万円台に縮小し、400万円ではゼロとなった。

岡山市の保育園で要する1年間の保育料

	婚姻歴あり	婚姻歴なし	差　額
年収160万円	5万6400円	23万6400円	18万0000円
年収200万円	23万1600円	26万8800円	3万7200円
年収300万円	34万5600円	36万8400円	2万2800円
年収400万円	40万5600円	40万5600円	0円

※30代の母と子1人（3歳児）。社会保険料の控除などは考慮していない

県内4市1町実施　前向き姿勢も

山陽新聞社が岡山県内27市町村を対象に「寡婦（夫）控除のみなし適用」実施の有無を尋ねたアンケートでは、県内では岡山、笠岡、井原、美作市と奈義町の4市1町が実施していると回答した。

笠岡市は2013年度、保育園保育料と幼稚園就園奨励事業でみなし適用をスタート。14年度からは心身に重度の障害がある人やひとり親家庭への医療費の一部助成にも適用しており、県内では最も手厚い。

導入のきっかけは昨年9月。最高裁が、婚外子（非嫡出子）の遺産相続分を法律上の夫婦の子（嫡出子）の半分とする民法の規定を違憲とした判決だ。

この判決を受けて、同市子育て支援課内でみなし適用を求める声が上がり「不平等を解消すべきだ」と実施を決めた。天野美彦副市長は「どの事業に適用できるか精査し、今後もできることは検討していきたい」と話す。

他の4市町は保育園保育料にのみ適用。井原市は最高裁判決後の14年度からだが、奈義町は12年度、美作市は13年度の最高裁判決前から実施している。

奈義町は12年3月、安心して子育てできるまちを目指す「子育て応援宣言」をしたのを受け、子育て支援の輪を広げようと始めた。

残る22市町村は実施していないとの回答だったが、里庄町は「該当者がいない。該当ケースが出た場合は適用する」としている。

このほか、倉敷市が「保育料、市営住宅家賃を軸に検討を始めたい」とするなど、今後何らかの形で検討すると答えたのは8市町村にのぼり、適用自治体は増加の方向だ。

新見、瀬戸内市、早島町はみなし適用とは別の施策で支援していると回答した。

全国的には厚生労働省が今年3月、県庁所在市、政令指定都市、中核市、東京23区を対象に保育料へみなし適用の実施状況を調査。岡山、札幌、千葉、新潟、奈良、高松、松山、高知、熊本、那覇、福山市と東京都新宿区の計12市区での実施を把握した。

調査対象外の自治体も新聞報道などで確認しており、同省保育課は「今後も拡大傾向」とみている。

岡山県内27市町村の「寡婦控除みなし適用」の実施状況

	適用の有無	適用事業や開始時期。適用していないところは今後の見通し
岡山市	○	保育園保育料（1997年度）
倉敷市	×	保育料、市営住宅家賃を軸に検討を始めたい
津山市	×	
玉野市	×	国の新しい子育て支援制度の中で検討したい
笠岡市	○	保育園保育料（2013年度） 幼稚園就園奨励事業（13年度） ひとり親家庭等医療費公費負担（14年度） 心身障害者医療費公費負担（14年度）
井原市	○	保育園保育料（2014年度）
総社市	×	
高梁市	×	検討予定あり
新見市	×	
備前市	×	他市状況で考える
瀬戸内市	×	
赤磐市	×	
真庭市	×	
美作市	○	保育園保育料（2013年度）
浅口市	×	
和気町	×	
早島町	×	
里庄町	×	該当ケースが出た場合は保育料に適用する
矢掛町	×	
新庄村	×	
鏡野町	×	状況の推移により検討
勝央町	×	
奈義町	○	保育園保育料（2012年度）
西粟倉村	×	今後検討したい
久米南町	×	需要があれば検討
美咲町	×	必要に応じて検討
吉備中央町	×	検討予定あり

出典：2014年5月11日山陽新聞朝刊

1．言葉を調べてみましょう

（1） 寡婦について調べてみましょう。

（2） 寡婦に対する支援の種類を調べてみましょう。

（3） 寡婦福祉資金の貸付について調べてみましょう。

（4） 寡婦への日常生活における支援について調べてみましょう。

（5） 寡婦への就業支援について調べてみましょう。

2. この記事を読んだ感想をまとめてみましょう

3. 解　説

（1） 寡婦とは

寡婦とは、配偶者がない状態で児童を扶養していたことのある女子のことを指します。「母子及び父子並びに寡婦福祉法（以下、法と略）」第6条第4項にその定義が定められています。

（2） 寡婦福祉に対する支援の種類

寡婦に対する支援は、法の中で寡婦福祉資金の貸付け、寡婦日常生活支援事業、売店等の設置の許可等、寡婦就業支援事業等、寡婦生活向上事業が定められています。また、所得税法上の寡婦控除を受けることができます。なお、寡婦控除は、被扶養者がいるか所得500万円以下という要件のいずれかを満たすことで適用されますが、寡夫控除はその両方を満たす必要があります。

（3） 寡婦福祉資金の貸付

寡婦福祉資金の貸付とは、都道府県が寡婦の経済的自立や生活意欲の向上、その被扶養者の福祉増進のために事業開始資金、事業継続資金、（寡婦が扶養している子の）修学資金、技能習得資金その他を貸し付ける制度です（法第32条）。

（4） 寡婦への日常生活における支援

寡婦への日常生活支援は、法第33条の寡婦日常生活支援事業と法第35条の2の寡婦生活向上事業があります。寡婦日常生活支援事業は、寡婦が疾病等の理由で日常生活のしづらさが生じた時、都道府県または市町村が彼女らに対してその居宅やその他厚生労働省令で定める場所で、食事の世話・専門職による生活や生業に関する助言・指導を行う事業です。そして、その他の日常生活を営むのに必要な厚生労働省令で定める支援を行う事業です。また、寡婦生活向上事業は、寡婦の生活向上のため、都道府県及び市町村が母子・父子福祉団体と連携を図り、寡婦に対して家庭生活及び職業生活に関する相談に応じる事業です。母子・父子福祉団体の支援に関する情報提供等の必要な支援を行うこともできます。

（5） 寡婦への就業支援

寡婦への就業支援は、法第34条の売店等設置許可等と、法35条の寡婦就業支援事業等があります。売店等の設置許可等は、母子家庭における福祉の措置、法25条（売店等の設置許可）、法26条（製造たばこの小売販売業の許可）、法29条（雇用の促進）に準じてなされます。また、寡婦就業支援事業等は、寡婦の雇用の促進のため、求人情報の収集と提供、寡婦を雇用する事業主への援助が定められています。国は、寡婦の雇用促進に関する調査研究、寡婦の雇用促進業務に従事する者・関係者への研修、都道府県に情報提供等の援助を行うこととなっています。都道府県は、寡婦の雇用促進を図るため母子・父子福祉団体と連携することが定められています。それは、寡婦に対して就職に関する相談に応じる、職業能力の向上のために必要な措置を講ずる、寡婦と雇用主に雇用情報と就職支援に関する情報提供と支援を行うことです。

（4）（5）のような、寡婦福祉に関する事業に関与した者は、正当な理由なしに、支援の中で知り得た秘密を漏らしてはならない、という守秘義務が課せられています。　（中　典子）

参考文献

保育福祉小六法編集委員会編（2018）『保育福祉小六法　2018年版』みらい
国税庁「寡婦控除」1170（https://www.nta.go.jp/taxanswer/shotoku/1170.htm）

第12章　男女共同参画

記　事

社説

希望は「私たち」の中に

倉敷で女性会議

女性が輝く社会、誰もが輝ける社会とはどんな姿なのか。個人で、職場で、地域で考える好機としたい。

全国から約2千人が参加し、倉敷市で3日間にわたって開かれた「日本女性会議」がきのう閉幕した。社会のあらゆる分野への女性の進出を推進するとともに、「わたしたち」が行動を起こし、日本を変えていくとの決意を示した大会宣言が採択された。

会議は、男女共同参画社会の実現に向けた課題を探る目的で年1回開かれ、32回目となる。この間、男女雇用機会均等法や男女共同参画社会基本法の制定など、制度面では確かに前進した。しかし、国際的な指標でみると、日本の遅れは著しい。会議ではそうした現状が内閣府の担当者から報告された。

各国の男女格差を測るジェンダー・ギャップ指数（２０１４年）で日本は１４２カ国中１０４位。先進国では最低水準だ。特に１９９５年以降、相対順位は下降傾向にある。企業の女性管理職や女性政治家の割合の低さが、順位を下げる要因となっている。

こうした中、安倍政権が成長戦略の柱として掲げたのが女性の活躍推進である。政府主導は強力な追い風には違いないが、「男性優位」の風潮を崩すのは容易ではない。さらに、日本経済のために働けといわれているようで反発を感じる女性もいる。どんな社会を目指すのか、多くの人が共有できるイメージを描いていく必要がある。

その点で、シンポジウムが「希望の社会は〝わたしたち〟にある～ライフステージとそれぞれの男女共同参画」をテーマにしたのは時宜を得たものだった。「誰もが輝ける働き方とは？」「自信と誇りを持って活躍できる社会とは？」など、本質的な問題について意見が交わされた。

東レ経営研究所でワークライフバランスを研究する渥美由喜さんは「女性だけに輝けと負荷をかけるのは違う」と指摘した。自らも妻と共働きで子育てをし、認知症の父の介護も担っている。今後は介護などで働き方に制約のある人が増え、企業は対応を求められる。男女ともに困難に遭った時に家族や職場、周囲が協力して乗り越えていかねばならず、その過程こそが「幸せ」につながると強調した。

倉敷市出身の光畑由佳さんは、自身が外出先で困った経験から授乳服を開発して会社をつくり、社員には子連れ出勤を認める。「誰かが変えてくれるのを待っていては時間がもったいないから、自分で解決策を考えた。大企業でなくてもできることはたくさんある」と語った。

人々が希望を抱ける社会を築くための実践は、既に始まっている。先行事例を知れば踏み出す勇気も出る。現場で見えてきた法律や制度の問題点があれば「わたしたち」が国に提起していけばいい。岡山県内でも実践を広げ、成果を共有していきたい。

2015.10.12

出典：2015年10月12日山陽新聞朝刊

1．言葉を調べてみましょう

（1）「男女共同参画社会基本法」について調べてみましょう。

（2）「男女雇用機会均等法」・「改正男女雇用機会均等法」とはどのような法律でしょうか。

（3）ジェンダー・ギャップ指数を調べましょう。

（4）合計特殊出生率の意味を調べましょう。

（5）ワークライフバランスとは何ですか。

2. この記事を読んだ感想をまとめてみましょう

3. 解　説

（1） 男女共同参画社会の推進

1979（昭和 54）年 12 月 18 日に、国際連合第 34 回総会において、「女子に対するあらゆる形態の差別の撤廃に関する条約」（略称：「女子差別撤廃条約」）が採択され、1981（昭和 56）年に発効しました。この条約の特徴は、法令上だけでなく、事実上・慣行上の差別も、条約の定める差別に含まれると規定している点にあります。売春や人身売買からの保護（第 6 条）、教育を受ける権利における差別撤廃（第 10 条）、同一の雇用機会、同一価値労働についての同一賃金、育児休暇の確保、妊娠または育児休暇を理由とする解雇や婚姻の有無に基づく差別的解雇について制裁を課して禁止すること、従来の雇用関係の維持（第 11 条）についても規定しています。

日本が、この条約を批准したのは、1985（昭和 60）年の国会においてですが、国連において条約が採択された後、6 年余りもかかったのは何故でしょうか。それは、批准に際しては条約の主旨に沿った「国内法の整備」を行わなければならないためでした。日本では、「勤労婦人福祉法」を大改正したうえ、「雇用の分野における男女の均等な機会及び待遇の確保等女子労働者の福祉の増進に関する法律」（男女雇用機会均等法）に改題しました。また、国籍法を改正して父系血統主義から父母両系主義にしました。他にも、「学校教育法」を改正し、家庭科の授業を男女ともに受講するようにしました。これらの国内法を整備し、やっと女子差別撤廃条約を批准したのです。つまり、この「男女平等」は、世界的な潮流であると言え、21 世紀の社会を構築する上では、最重要課題であるとされています。

その後、日本では、1999（平成 11）年 6 月 23 日に、「男女共同参画社会基本法」が公布・施行され、男女共同参画社会を実現するための基本理念が示されました。条文の中には、政府や都道府県において、「男女共同参画基本計画」を制定するように定められていることにより、地方自治体における条例も策定されるようになりました。

（2） ジェンダーとは

ジェンダーとは、大きく次の 2 つの意味で使われています。

① 社会的・文化的に形成された性差

生物学的・生理学的な差異に基づく性別とは直接関係なく、社会や文化がつくりあげた通念を基礎にした男女の区別のことです。

② 男女の固定的な役割分担意識

「女は家庭、男は仕事」「男は強く、たくましく、女は弱く、優しい」等の意識のことです。

（3）「女性の職業生活における活躍の推進に関する法律」（女性活躍推進法）

2015（平成 27）年 8 月 27 日、「女性の職業生活における活躍の推進に関する法律」（女性活躍推進法）が成立しました。「女性の力」が必ずしも十分に発揮されていない日本社会において、女性の働く意欲を実現につないでいき、活力ある社会を維持していくことをねらいとしています。内容は、①女性に対する採用、昇進等の機会の積極的な提供及びその活用が行われること、②職業生活と家庭生活との両立を図るために必要な環境の整備により、職業生活と家庭生活との円滑かつ継続的な両立を可能にすること、③女性の職業生活と家庭生活との両立に関し、本人の意思が尊重されるべきこと、の 3 つです。

記　事

女性活躍推進法

企業は自己分析へ準備を

社説

　8月に成立した女性活躍推進法で、従業員３０１人以上の企業は来年4月1日までに自社の女性の活躍状況を分析し、公表することが義務付けられた。多くの企業ではまだ関心は高まっていないようだが、期限まで半年に迫っている。対応を急ぐ必要がある。

　企業に求められるのは、①自社の女性の活躍状況の把握と課題の分析②行動計画の策定と労働局への届け出③外部への情報公開―の3段階となっている。厚生労働省は公式サイトに特集ページを設けて情報提供をしており、参考になろう。

　昨年の衆院解散でいったん廃案となり、推進法の成立は当初の予定より大幅に遅れた。短期間での準備を強いられる企業にとって事務負担は少なくないが、職場を見直す好機ととらえたい。

　企業が現状分析する項目のうち、①採用者に占める女性比率②勤続年数の男女差③労働時間の状況④管理職に占める女性比率―の四つは必ず把握すべき必須項目とされた。このほか、企業が任意で把握する項目は、10月上旬に公布される厚生労働省令で示される予定だ。これらの項目のうち、企業は1項目以上を選んで公表する。

　現状分析を踏まえ、企業は女性の活躍推進のための計画期間や数値目標、取り組み内容などを盛り込んだ行動計画を策定し、届け出る。

　従業員３００人以下の企業については努力義務とされたが、自主的な取り組みを促したい。人材確保の難しさから、早くから女性登用に取り組んできた中小企業は少なくない。情報公開によって企業姿勢が評価されれば、採用時に有利に働くことも期待されるだろう。

　推進法の最大の特徴は、各職場の実態を〝見える化〟することにある。女性の登用に積極的な企業とそうでない企業が外部から分かるようになることで、企業経営者はもとより、働く人の意識改革を進めようという狙いがある。

　法成立を受けて政府が今月閣議決定した「基本方針」では、企業のトップが先頭に立って意識改革や長時間労働是正などの働き方改革を行うことを求めた。まずは、経営者や管理職が女性の活躍を進める意義をあらためて確認しておく必要があるだろう。

　人口減少期に入った日本では、人口に占める生産年齢人口（15～64歳）の割合が現在の6割強から２０６０年には5割まで減少すると推計されている。人口の半分を占める女性に目を向けなければ、人材確保はますます厳しくなると指摘されている。

　さらに、市場ニーズの多様化などに対応するには、新たな価値を創造できる人材の多様性が求められる。すでに女性登用によって業績を上げる企業が出てきているのはその証左だろう。女性の活躍推進は、企業を持続させるために避けられない経営戦略ととらえたい。

2015.9.29

出典：2015年9月29日山陽新聞朝刊

1．言葉を調べてみましょう

（1）「女性活躍推進法」とはどのような法律でしょうか。

（2） 企業における採用者における女性の割合はどうなっていますか。

（3） 勤続年数の男女差について調べましょう。

（4）管理職における女性の比率を調べましょう。

（5）生産人口年齢とは何でしょう。

2. この記事を読んだ感想をまとめてみましょう

3. 解　説

（1） 男女共同参画社会の進展

1999（平成 11）年 6 月 23 日に、日本で「男女共同参画社会基本法」が施行されましたが、それまでどのように男女共同参画社会の進展があったかを追ってみます。

・1976（昭和 51）年「義務教育諸学校等の女子教育職員及び医療施設、社会福祉施設等の看護婦、保母等の育児休業に関する法律」

公的部門において人材確保を目的として特定の職種を対象としていました。

・1985（昭和 60）年「男女雇用機会均等法」

給与格差の是正、労働時間差の解消等、就労条件の統一がなされました。

・1991（平成 3）年「育児休業法」

子どもが 3 歳になるまで、男性が育児休業を取得できるようになりました。

・1995（平成 7）年　介護休業制度の法制化

家族の介護のために休業することが可能となりました（施行は 1999（平成 11）年）

・1997（平成 9）年「改正男女雇用機会均等法」

男女で分けた募集が禁止されました。また、関連する他法等で名称の改善も行われました（保母・保父を保育士に、看護婦・看護士を看護師に、スチュワーデスを客室乗務員・フライトアテンダントに）。

・2005（平成 17）年　子の看護休暇制度の法制化

・2010（平成 22）年　育児・介護休業制度の改正

短時間勤務制度、所定外労働の制限、介護休暇（1 人につき年 5 日まで）の整備。

・2001（平成 13）年「配偶者の暴力の防止及び被害者の保護に関する法律」（DV 防止法）

緊急保護（シェルター）、DV による転居や転学の秘密保持、被害者（子どもや家族を含む）の保護について規定され、デート DV についても含まれています。3 年おきに改正されています。

（2） 男女の固定的役割分担意識の解消に向けて

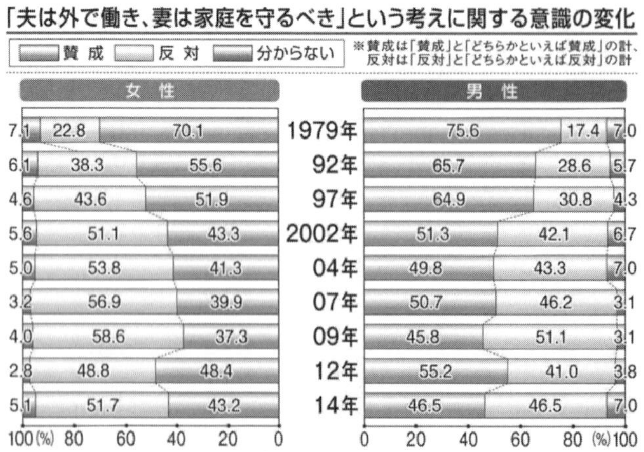

出典：2015 年 8 月 23 日山陽新聞朝刊 4 ページ

日本においては、男女共同参画に関する法的な整備は、各自治体における条例や基本計画策定が実施され、一応の社会的基盤は整ったと言えますが、最も立ち後れているのは、戦後の高経済成長期に固定化されたと言われる「男性が外で働き、女性が家庭を守るべき」という役割分担意識です。この分担意識は、それだけではなく、「男性が会長、女性が副会長」「町内会の会長やPTA会長は、男性がするのが当たり前」といった意識にもつながっています。この新聞記事の調査結果によると、男女の「男性が外で働き、女性が家庭を守るべき」という役割分担意識は、近年、「反対」が増加していることが明らかです。やや揺り戻しがあるのは、経済不況による倒産やリストラによって、専業主婦は働かざるを得なくなった結果の反映であるとされています。

職業選択においては、「改正男女雇用機会均等法」の規定により、労働条件において男女の差別がなくなり、これまで男性だけの就労であったトラック運転手・工事現場労働者・交通整理員・消防士などの職業を、女性も積極的に選択するようになってきています。しかしながら、諸外国に比べて、物理などの自然科学研究者である女性の割合は、先進国最下位という実態も挙げられています。今後、21世紀の社会を築く上では、ワーク・ライフ・バランスを推進し、男性（父親や祖父など）の育児参加奨励のためにも固定的役割分担意識を解消し、男女共同参画に対する意識改革を図ることが強く求められています。

（角田みどり）

第13章　公的年金

記　事

私たちはどこへ　戦後70年

第3部　「戦後システムの崩壊」

④ かすむ老後の安心

少子化誤算　細る支え手

今日につながる日本の年金制度は終戦の3年前に形作られた。戦後の激しいインフレで破綻寸前になったものの、制度を再建して半世紀前には「国民皆年金」を達成。苦心して構築したはずの老後の安心だが、今また転換期にある。

「低所得、1人暮らしの高齢者を切り捨てるな」。国の年金給付切り下げは生存権の侵害に当たり違憲だとして今年2月、鳥取地裁に高齢者が集団提訴した。訴訟の動きは全国に広がり、数千人規模になる勢いだ。訴訟の対象は2013年度の給付減額だが、今年4月分からは初めて年金給付が実質的に目減りする。少子高齢化に応じ給付を物価の伸びより低く抑える仕組みが動きだすのだ。老後を年金だけに頼るのが難しい時代に入っていく。

パンク

30年ほど時計を巻き戻す。1984年12月18日の衆院社会労働委員会。給付の抑制を初めて盛り込んだ国民年金法改正案の審議で社会党筆頭理事の村山富市(91)が首相の中曽根康弘(96)に問いただした。「急速に高齢化社会がやってくる。将来の年金はどうなるんだろうか、もらえるんだろうか。不安を持っている国民がたくさんいる」

中曽根は「現在費用を負担している若い人たちにも、安心して給付を受けられるようにすることが非常に重大な要素だ」と説明。翌85年の参院審議では「このまま推移すれば制度が維持できなくなる。パンクする」と危機感をあらわにした。

戦後の社会保障は傷痍《しょうい》軍人や戦災孤児の救済に追われる時代を経て、現首相の安倍晋三の祖父、首相岸信介が国民皆年金・皆保険の基盤を整えた。61年には国民年金制度が発足。高度経済成長期には欧米に追いつけ追い越せと給付の充実を図る。「福祉元年」と呼ばれた73年には老人医療費を無料化し、年金給付水準を大幅に引き上げた。

しかし大盤振る舞いはここまで。同年秋からの第1次オイルショックを機に様相は一変した。低成長期を迎え、80年代には「増税なき財政再建」をスローガンに行政改革の路線が敷かれる。

国民年金は創設から20年余を経て、財政破綻の恐れが高まっていた。産業構造の変化で労働者のサラリーマン化が進み、本来の加入者である農家や自営業者の減少に悩んでいた。急速な高齢化も追い打ちを掛けた。

類を見ない改革

厚生省は制度立て直しに向け、84年に法案を国会提出。職業別に分かれていた制度を2階建てに再編成し、1階部分に全国民共通の「基礎年金」を導入した。類を見ない大型の改革で、現在に至るまで制度の大枠はこの時から変わっていない。

法案づくりに関わり、後に厚生労働事務次官に就いた辻哲夫(67)は「基礎年金というアイデアで全国民の年金を一元化したのは画期的だった」と振り返る。

働く女性の間で「専業主婦の優遇策」と不評な「第3号被保険者制度」が誕生したのもこの時だ。「婦人の年金権確立」をうたい、国民年金に任意加入だったサラリーマンの妻たちも、自らは保険料を負担せずに老後は自分の基礎年金を受け取れるようにした。改正作業の最初から最後まで年金局にいた青柳親房(61)は「女性の社会進出が進み、男女雇用機会均等法(86年施行)以降の世代では3号は減っていくだろう」と考えていた。

法案には社会党などが反対したものの85年4月に成立。従来の給付増一辺倒をやめ、給付抑制にかじを切ることになった。「これで、到来する高齢化の大波を何とか乗り切れる」。成立時の年金局長、吉原健二(83)の率直な実感だった。

1・57ショック

高齢化社会への備えを整えたはずの年金改革。誤算だったのは少子化の加速だ。厚生省の審議会は80年、長期的には人口を維持できると予測。出生率は85年ごろまで1・8前後で推移していた。だがその後、急低下する。元内閣官房副長官の古川貞二郎(80)は「衝撃的な少子化の進行に、85年改正はのみ込まれてしまった」と残念がる。

90年の「1・57ショック」を機に政府は少子化対策に取り組むが、出生率は今も1・3～1・4に低迷。年間出生数は100万人を割る寸前だ。制度の支え手が細る中、現在の年金支給総額は年間50兆円を超す。

85年改正時に国会で質問した前衆院議長の伊吹文明(77)は警鐘を鳴らす。「30年前は立派な法律ができたと自負していたが、あのころと同様の危機感を持って制度を見直すべき時期に来ているのではないか」（敬称略、共同＝梅岡真理子）

制度への信頼低下心配

浅野　史郎　元宮城県知事

—30年前の改正で年金給付抑制に踏み切った。

「国の財政状況が厳しいというより、世代間のバランスが崩れるのではという課題が大きかった。あのままの制度が続くと給付水準と保険料が上昇し続け、受給者は暮らしに余裕が出るけれど、保険料を負担する世代にすればばかばかしくなる」

「改正を断行できた背景には、山口新一郎年金局長（改正法成立時の吉原健二氏の前任）の存在があった。法案提出後にがんで入院し、成立前に亡くなってしまったが、山口氏は『年金への信頼がなくなり、制度が崩壊する』との危機感を強く抱いていた」

—今も評価が分かれるのが第3号被保険者だ。

「サラリーマンの妻が国民年金に任意加入だったのを『入らなくてもよい』という形はやめようということになった。公的年金では本来あり得ない。だが、収入のない無業の妻に保険料をどう負担させるかは問題だった。山口氏が『健康保険で扶養家族の妻が負担しないのと同じだ』と整理し、政府内はまとまった」

「ただ女性団体には『保険料納付も権利』『夫に従属しているようでおかしい』と指摘された。働く女性から、自分が納めた保険料が専業主婦の給付に回るのは納得できないとの批判もあった」

—年金制度の現状をどう見ているか。

「国民年金の加入者に厚生年金に入れない非正規雇用の人が増え、保険料を払えないぎりぎりの生活の人も多い。制度への信頼が揺らいでいることは心配だ。破綻はしないし、させないということを数字できちんと説明しなければならない」

あさの・しろう　1948年生まれ。仙台市出身。81～85年厚生省年金局勤務。93～2005年宮城県知事。現在は神奈川大特別招聘（しょうへい）教授。

変化へ対応後手に

1985年の改正後も、年金制度はほぼ5年おきに改正を重ねたが、頓挫と先送りが繰り返され、社会の変化への対応が後手に回ったまま現在に至っている。

その一つが支給開始年齢の引き上げだ。厚生年金の60歳から65歳への変更は80年代初めに検討されたが、定年退職後に収入の空白期間が生じることなどから政界、労使の大反対に遭い、85年改正では棚上げされた。

ようやく手に着いたのは94年。定額部分（1階部分）を2001年度から引き上げると決め、00年には報酬比例部分（2階部分）も13年度からの実施を決定。今は65歳への引き上げ途上にある。

欧米諸国は一歩先を行く。日本ほど高齢化が進んでいないにもかかわらず、将来67歳や68歳へ引き上げることを既に決めており、制度の持続性に対する危機感は強い。

日本は04年の改正で年齢引き上げの代わりに、自動的な給付抑制策「マクロ経済スライド」を導入。全世代で痛みを分かち合う仕組みとして国際的にも高く評価されたが、インフレを前提としていたためデフレ続きで機能せず、実施が15年度までずれ込んだ。その結果、今後年金を受け取る世代には、よりきつい給付抑制が待ち受けている。

16年10月に実施されるパートなど短時間労働者の厚生年金への加入拡大も、実現に10年以上を要した。非正規雇用の若者らが国民年金への加入を余儀なくされた結果、保険料納付率は低迷。将来、低年金や無年金にあえぐ人が増える恐れがある。

第3部おわり

出典：2015年3月30日山陽新聞朝刊（共同通信配信）

1. 言葉を調べてみましょう

（1） 国民皆年金について調べてみましょう。

（2） 福祉元年とは何ですか。

（3） 公的年金の一元化について調べましょう。

（4） マクロ経済スライドを調べましょう。

2. この記事を読んだ感想をまとめてみましょう

3. 解　説

（1） 国民皆年金

国民年金は、もともと1961（昭和36）年に、厚生年金保険や旧共済年金（共済組合の長期給付）などの勤め人の年金制度に加入していない人たちすべてが加入する公的年金制度として始まりました。これによって、国民皆年金が実現しました。勤め人以外のグループの年金制度として生まれた国民年金は、後に1985（昭和60）年の改正で国民全員に共通の基礎年金として生まれ変わりました。ところで、国民皆年金といっても、1961（昭和36）年に発足したときには強制的な加入が義務づけられなかったグループが大きく２つありました。学生と勤め人の妻である専業主婦などです。この人たちは希望すれば国民年金に任意で加入できることとされました。しかし、加入しない人たちが障害を有することとなったときや離婚した時の保障に欠ける面がありました。このため、勤め人の妻である専業主婦などは基礎年金制度ができた1985（昭和60）年改正で、学生は1989（平成元）年改正で、それぞれ強制加入に変更されました。

（2） 福祉元年

高度経済成長が始まり、国民皆保険・国民皆年金も実現し、経済成長の成果としての税収や社会保険料の高い伸びに支えられて、社会保障の給付水準の大幅な改善が続いていきました。その頂点が1973（昭和48）年で、福祉元年と呼ばれました。医療保険では被用者保険の扶養家族の給付率が５割から７割に引き上げられ、老人医療費の無料化が全国で始まり、高額療養費制度も創設されました。年金でも、５万円年金が実現し、物価スライド制や賃金の再評価制度が導入されました。この年に福祉元年として一連の給付改善の仕上げが行われましたが、皮肉なことにこの年の秋に勃発した中東戦争をきっかけにオイルショック（石油危機）が起こりました。これによって世界経済は大混乱し、日本経済もゼロないし低成長への移行が確実になりました。これに加えて、日本社会に高齢化の足音が近づいてくる中で、困難なしかし避けられない社会保障の見直しの時代の幕が開いたのです。

（3） 公的年金制度の一元化

公的年金制度は完全積立て方式ではないので、産業構造が変わるなど加入者の数が減少すれば、負担が過重になり、制度の維持が困難になります。複数の年金制度の間で負担についての不公平感も強まります。財政の安定のためにも、国民の間での負担の公平のためにも、公的年金制度はできるだけ一元化した方が望ましいといえます。1985（昭和60）年改正で導入した基礎年金は、自営業者等の制度であった国民年金と勤め人の制度である厚生年金保険や共済年金との間で基礎的な部分を一元化しました。職業別に分かれていた制度を２階建てに再編成し、１階部分に全国民共通の「基礎年金」を導入したのです。さらに、基礎年金部分でなく、報酬比例部分も含めて完全に全制度を一元化する案も議論されています。勤め人とそれ以外を区別せず１つの制度にして、所得比例の保険料を財源にして所得比例の年金を給付するというものです。そして、所得が低かったために給付も低い人には、一定の額になるよう国庫負担で補足的給付を行うというものです。法改正によって、従来の給付増一辺倒をやめ、給付抑制にかじを切ることになりました。

（4） マクロ経済スライド

公的年金の年金額は、原則として年金を受け始めるまでは、それまでの賃金（可処分所得）の伸びが反映されて計算され、それ以降は物価の伸びに応じて改定されます。ただし、年金受給世代が増え、現役世代が減少する少子高齢化社会において、年金財政の均衡を図るため、一定の期間、年金額改定の際、物価や賃金の変動によるスライド率から、被保険者数の減少や平均寿命の延びの分を控除して、スライド率を調整する仕組みが導入されていて、これを「マクロ経済スライド」と呼びます。例えば、物価スライドによる改定率が2%のときに、被保険者の減少分として0.6%（毎年度の実績に応じて変動）と、平均寿命の延びの分として0.3%（法律に規定された率）の合計0.9%を差し引いて、1.1%が実際の改定率となります。このようなスライド率の調整を行うことによって、少子高齢化の下でも、公的年金制度を長期的に持続可能な仕組みとしています。ただし、本来引上げるべき率が小さくて0.9%に満たず、仮にこれを行えば年金額が下がるような場合には、全部は引かず年金額が下がらない範囲にとどめることになっています。この調整を2038年まで続けると、固定した保険料水準18.30%の範囲で給付が賄えるようになるので、調整は終了します。この時点で、標準的な年金受給世帯が受け取り始めるときの年金額は、現役世帯の手取り年収の約5割まで下がります。以後は、この水準が維持されます。ただし、受け取り始めた後は物価スライドとなるので、現役世帯との差はさらに開いていき、5割を切っていくことになります。ところで、2004（平成16）年の改正では支給年齢引き上げの代わりに、自動的な給付抑制策「マクロ経済スライド」を導入しましたが、これはインフレーションを前提としていました。実際にはデフレーションが続いたことによって機能せず、実施が2015（平成27）年度までずれ込みました。その結果、今後年金を受け取る世代には、より厳しい給付抑制が待ち受けているともいえます。なお、2018（平成30）年4月から年金額改定ルールが改正されます。

（5） 年金制度を考える

少子高齢化が急激に進んでいる日本で、年金制度はどうなっていくのでしょうか。少子化は年金財政に深刻な影響を与えています。公的年金制度は、保険料・年金給付額のみならず支給開始年齢も変更されることがあり、これが加入者からは制度不信の理由にされることが多いです。公的年金制度は「生き物」であり、その時々の変化に迅速に対応することが必要となります。新聞記事に「年金政策の変遷」が掲載されています。半世紀前には、国民皆年金を達成しましたが、その後は低成長期を迎え、1985（昭和60）年には大改正を伴う法律が成立しました。高齢化社会への備えを整えたはずの年金改革でした。誤算だったのは少子化の加速です。苦心して構築したはずの老後の安心でしたが、今また転換点にあります。1985（昭和60）年の改正後も、年金制度はほぼ5年おきに改正を重ねましたが、頓挫と先送りが繰り返され、社会の変化への対応が後手に回ったまま現在に至っているともいえます。「マクロ経済スライド」は、全世代で痛みを分かち合う仕組みとして国際的にも高く評価されました、デフレ続きで機能しませんでした。その場しのぎの近視眼的な対応を繰り返すことが、公的年金制度にとって最大のリスクになります。

国民皆年金制度が達成されて2015（平成27）年で54年になります。当時は経済の高成長と人口増が続くことを前提に若年世代が高齢者を支える年金制度を設計しましたが、低成長・少子化へと様変わりしました。制度の穴をふさぐだけでは問題は解決しません。制度疲労の年金は一から作り直す時期にきているのかもしれません。検討に着手するのに早すぎるということはありません。

ところで、年金制度を賦課方式にとどめたまま改革しようとしても、難しい問題に直面します。賦課方式の年金では給付と保険料の総額が原則として毎年均衡している必要があります。〔一人当たり年金額×年金を受け取る高齢者層の人口＝一人当たり保険料×保険料を負担する現役層の人口〕という関係式を満たす必要があります。少子高齢化が進むということは、高齢者層の人口が現役層の人口に比べて大きくなります。この式を成立させ続けるためには、年金額の引き下げか保険料の引き上げが基本となります。また、年金を受け取り始める年齢を引き上げて、高齢者層の増加や現役層の減少を弱めることも考えられます。近年の年金改革をみていると、保険料の引き上げにはそろそろ限界がきているという政府の判断が読み取れます。現役層があまり無理なく負担できる範囲内に給付を調整していく「マクロ経済スライド」という仕組みも2015（平成27）年から実施されています。ただ、マクロ経済スライドも、物価が下落する局面では発動されないため、今後の検討課題になっています。さらに、支給開始年齢の引き上げには政府は消極的な姿勢を崩していません。積立方式に切り替える場合にも「二重の負担の問題」が生じ、これにどう対応していくかが問題となります。

（6） 年金制度改革

年金問題の本質は少子高齢化です。もし、子どもが増えれば問題は解消されます。そのため、児童手当や保育サービスの拡充など子育て支援の必要性がしばしば主張されます。年金改革を進めることが、政府が攻略すべき「本丸」ですが、それが難しいので子育て支援という方法で問題の解決を目指します。しかし、成果が上がったとしてもずいぶん先になります。子育て支援に「本丸」となる改革の肩代わりを期待すべきではないでしょう。

大切なのは少子化をできる限りマイルドにすることです。そのためには子育て支援などに対して消費税増税で得る財源を着実に充てることが必要となります。年金保険料の上限を決め、その財源の範囲で給付することにした2004（平成16）年の改革で財政的持続性はとりあえず確保されました。雇用を確保して人々の引退年齢を引き上げ、年金の受給開始年齢を引き上げていくこととなります。また、非正規も含めて雇用者は原則すべて厚生年金保険に加入することにして、働き方に中立な制度にすることも求められています。政治が世代間、世代内の利害調整を厭い、その場しのぎの近視眼的な対応、弥縫策を繰り返せば、それこそが公的年金にとっては最大のリスクになるのです。

（山本　哲雄）

記　事

「年金引き下げ違憲」

13都府県　受給者1549人提訴

岡山56人

特例を解消するためとして、年金額を引き下げたのは生存権の侵害で憲法違反だとして、岡山県の年金受給者56人が29日、国の減額決定の取り消しを求め、岡山地裁に提訴した。

　原告弁護団によると、全国では鳥取、徳島、山口など５道県で計４３２人が訴えを起こしており、この日は２次提訴を含め13都府県で計１５４９人が提訴。今後も各地で訴訟が起こされる予定という。

　年金額は、物価変動などを踏まえて毎年度見直されるが、物価が下落しても特例で減額しなかった時期があったため、本来より２・５％高い水準で支給されていた。この特例を解消するため、政府は２０１３年10月に１％、14年４月にも１％減額。15年４月には０・５％引き下げた。

　訴状では、日本の年金水準は、憲法25条が定める「健康で文化的な最低限度の生活」を保障するにはほど遠いのに、減額することは受給者の生活を破壊すると主張。13年度の減額決定取り消しを求めている。原告は１％の減額で、年間年金額が最大約２万８千円減ったとしている。

　提訴後に会見した原告代表の東都支男さん(76)＝総社市宿＝は「特例解消は年金制度瓦解《がかい》の第一歩になりかねない。子どもや孫の世代の年金を守るためにも、私たちが減額に歯止めをかけなければ」と述べた。

　厚生労働省年金課は「特例の解消は法律にのっとっており適正。訴訟については詳細を把握していないのでコメントは差し控えたい」としている。

出典：2015年5月30日山陽新聞朝刊

1．言葉を調べてみましょう

（1） 過剰支給とは何でしょうか。

（2） 特例水準とは何でしょうか。

（3） 年金減額はどのようにしますか。

（4） 低年金者の保護はどのようになっていますか。

（5） 年金はどのようにして目減りするか調べてみましょう。

2. この記事を読んだ感想をまとめてみましょう

3. 解　説

（1） 過剰支給

自分が年金をもらいすぎていることを知らない高齢者が多いです。公的年金には物価に合わせ支給額を増減する物価スライドと呼ばれる仕組みがあります。しかし過去10年以上、物価が下がっているにもかかわらず、受給者の反発を恐れ年金は減らさない年が多く、年金の実質価値は上がっています。もう一つ、年金抑制策として導入したマクロ経済スライドも発動されていません。マクロ経済スライドは2015（平成27）年6月15日の年金支給日に初めて適用されました。物価や賃金が下がった年は発動しない条件を付けたためでした。現役世代が賃下げとなった年も、高齢者には前年と同額の年金を払い続けたのです。こうした制度設計時に想定外の「過剰支給」は10年強で7兆円を超えました。

（2） 特例水準の解消［2013（平成25）年10月施行］

年金額は、物価変動などを踏まえて毎年見直されるはずですが、物価が下落しても特例で減額しなかった時期がありました。老齢基礎年金等の年金額が本来の水準より2.5％高い状態は、2013（平成25）年から2015（平成27）年までの3年間かけて解消されることになりました。政府は2013（平成25）年10月に1％、2014（平成26）年4月にも1％減額し、2015（平成27）年4月には0.5％引き下げました。これらは、2012（平成24）年に成立した「国民年金法等の一部を改正する法律等の一部を改正する法律」が2013（平成25）年10月施行されたことによるものです。2015（平成27）年度は、4月分から公的年金の給付抑制策が初めて実施され年金は目減り時代に突入します。自営業者らが加入する国民年金を満額受給している人は月約600円、厚生年金は67歳以下の夫婦の標準的なケースで約2,000円が圧縮されます。さらに現在の支給が本来より高い「特例水準」（0.5％）も解消するため計1.4％圧縮されます。この結果、年金の伸びは従来ならば2.3％増となるところですが、0.9％増にとどまり、物価や賃金の水準に比べ実質的に目減りします（実際の受け取りは6月から）。

（3） 年金減額に対する訴訟

寿命が延び、少子化が進んで、今や年金は「百年安心」と言えません。給付を減らさないと制度がもたず、現役世代や後世代にツケが回ることになります。「低所得、一人暮らしの高齢者を切り捨てるな」。国の年金給付切り下げは生存権の侵害に当たり違憲だとして2015（平成27）年2月、鳥取地裁に高齢者が集団提訴しました。訴訟の動きは全国に広がり、数千人規模になる勢いです。訴訟の対象は2013（平成25）年度の給付減額ですが、2015（平成27）年4月分からは初めて年金給付が実質的に目減りします。少子高齢化に応じ給付を物価の伸びより低く抑える仕組み（マクロ経済スライド）が動き出します。老後を年金だけに頼るのが難しい時代に入っていきます。訴状では、日本の年金水準は、「憲法」25条が定める「健康で文化的な最低限度の生活」を保障するにはほど遠いのに、減額することは受給者の生活を破壊すると主張し、減額決定取り消しを求めています。裁判に訴えられた国にも弱みがあります。月額5万円以下といった年金を、月額20万円以上支給などの年金と同率で減らすのは酷な話かもしれません。低年金の人を守れる制度に改めないと必要な給付減を滞らせることにもなりかねないのです。2種類の減額が問題になります。一つは払い過ぎの解消です。しかし訴訟の「本丸」はもう一つの方です。寿命の伸びと働き手の減少に対応して給付の伸びを物価上昇率より、0.9％低く抑える実質的な減額です。「マクロ経済スライド」と呼ばれる年金の持続性向上策です。今後30年近く続き、減額幅が約3割になる可能性があります。訴状では減額取り消しを求める理由で特に強調するのは低年金者への打撃です。国民年金（基礎年金）だけの人の平均受給者は月5万円で単身者が生活するには不十分な金額です。少ない年金の減額は「健康で文化的な最低限度の生活を営む権利」をうたう「憲法」25条に反すると主張されます。しかし、原告のうち国民年金だけの人は数%で、あとの90数%は厚生年金保険や共済年金の受給者です。給付が多めの人も自らも減額を免れるため「低年金者への打撃」を口実にしているともいえます。特例の解消は法律によるものです。低年金の人を守りながら、それ以外の人への実質給付を着実に減らすため制度の手直しが急がれます。受給者の増加と保険料を納める人の減少で年金の台所は逼迫しています。厚生年金保険は20数年後に積立金が底をつく恐れもあります。公費負担に頼ることは困難ですし、保険料引き上げもほぼ限界です。今の高齢者を含めて年約1%ずつ実質給付を減らすマクロ経済スライドを進めるしかないのかもしれません。年金制度を改めて、最低限の保障ができればそれが一番です。なによりも、年金減額反対の運動に「低年金者の保護」という口実を与えずにすみます。

（4） 低年金者の保護（低所得者への年金対策）

低所得者の範囲は、家族全員の市町村民税が非課税であり、かつ年金収入およびその他の所得金額が老齢基礎年金の満額以下（2015（平成27）年度は約78万円以下）である人とされ、推計500万人が対象者になるとされます。月5万円未満などの少ない年金を年金受給者一律に減らすことには問題があります。消費税増税に伴い低年金者には月6,000円（2015（平成27）年度）の臨時福祉給付金が支給されますが十分とは言えません。低年金の人は生活保護で補ってもらえますが、「資産がないことが原則」などハードルは高いといえます。税金で賄う生活保護が膨らめば財政がさらに悪化します。年金の制度を改めて最低限の金額を保証できれば、それが一番です。保険料の未納や払った期間が短いなどの理由で低年金や無年金になる人も救えるのは、基礎年金の全額（今は半額）を消費税で賄う方式です。居住年数つまり消費税を払った年数に応じて金額を支給する方法が良いでしょう。政府は所得が多い人の基礎年金を減らす方針といわれています。それで浮く財源を低年金者に回す案を考慮中とされています。しかし減額対象者の候補は年収850万円超の人で受給者のわずか0.9%です。もっと年収の低い人も削減対象にしないと低年金の人に回す余裕は少ないのではないでしょうか。低年金の人を守りながら、それ以外の人への実質給付を着実に減らすための制度の手直しも必要かもしれません。

（山本　哲雄）

第14章　医療及び医療保険

記　事

高松平和病院

低所得者も安心して治療

無料低額診療を導入

受診抑制防止図る

香川医療生活協同組合の高松平和病院（高松市栗林町）は18日、経済的な理由で医療機関を受診できない低所得者を対象に、医療費の本人負担を無料または半額にする無料低額診療事業をスタートさせた。

世帯収入が生活保護を受ける所得基準よりも少ない場合は全額免除され、1・3倍未満の場合は半額に免除される。期間は原則3カ月以内。給与明細や課税証明書、源泉徴収票、健康保険料などの証明書を添えて申請、院内審査で適否を決める。

同事業は、社会福祉法に基づく制度で1951年にスタート。県内での導入は、香川県済生会病院に次ぎ2例目という。

2000年に国民健康保険料を払えない人に対し資格証明書が発行され、いったん窓口で全額負担しなければならないようにした結果、受診抑制により健康を悪化させる人が増えているため、今回の導入に踏み切った。

無保険や低所得などで医療費を払えないケースも増え、高松平和病院でも未収額は年間2百数十万円に上るという。

同病院は「多くの患者が安心して治療を受けられるよう、導入を図る医療機関が増えてほしい」としている。

（二羽俊次）

出典：2010年10月19日山陽新聞朝刊

1. 調べてみましょう

（1） 無料低額診療とはどのような制度か、調べてみましょう。

（2） 無料低額診療の対象はどのような患者でしょうか。

（3） 無料低額診療の適用はどのようなプロセスで決定されますか。

（4） 無料低額診療が導入された背景としてどのようなことがありますか。

（5） ソーシャルワーカーとして、無料低額診療をどのように利用できますか。

（6） 無料低額診療において、どのような問題があるか、調べてみましょう。

2. この記事を読んだ感想をまとめてみましょう

3. 解　説

（1） 無料低額診療

生計困難者が経済的な理由により必要な医療を受ける機会を制限されることがないように、無料または低額で医療が受けられる制度で第二種社会福祉事業に位置付けられています。低所得者、DV 被害者、要保護者、ホームレス、人身取引被害者などが主な利用者ですが、近年、外国人の利用も増えています。

（2） 無料低額診療の歴史的経緯

もともと無料低額医療制度は、戦前の救貧制度から始まりました。医療を受ける権利とは規定せず、政府の実施できない部分を天皇からの慈恵として与えるという形で実施主体として済生会が設立され、無料低額医療制度の原型となるものが実施されました。その後、1987（昭和 62）年には無料低額医療制度を抑制する動きが出てきましたが、全国福祉医療協議会の巻き返しなどがある中、2008（平成 20）年、参議院議員から「無料低額診療事業に関する質問主意書」が出され、それに対する答弁書で「基準を満たした医療機関から届け出があれば『いずれも受理されるべきもの』」とされたことにより流れが変わり、近年は増加傾向にあります。

（3） 実施医療機関

実施医療機関は済生会、民医連、勤労者医療協会、宗教団体、その他の運営医療機関です。第二種社会福祉事業として条件を満たせば認可されることとなっていて、実施医療機関には固定資産税の優遇があります。

（4）制度の基準（事業等要件）

「無料又は低額診療事業の基準」（事業等要件）が次のように定められています（平成13年7月23日社援発第1276号「社会福祉法第2条第3項に規定する生計困難者のために無料又は低額な料金で診療を行う事業について」の第1）。

すなわち、次の項目のうち、1、2、3及び4に該当するとともに病院にあっては、5から10までの項目のうちの2以上、診療所にあっては、7又は8のいずれかの項目に該当することです。なお、この通達が出されたとき以降で施設の名前などが変わっているものが一部あります。

1　低所得者、要保護者、行旅病人、一定の住居を持たない者で、野外において生活している者等の生計困難者を対象とする診療費の減免方法を定めて、これを明示すること。

2　「生活保護法」による保護を受けている者及び無料又は診療費の10％以上の減免を受けた者の延数が取扱患者の総延数の10％以上であること。

3　医療上、生活上の相談に応ずるために医療ソーシャル・ワーカーを置き、かつ、そのために必要な施設を備えること。

4　「生活保護法」による保護を受けている者その他の生計困難者を対象として定期的に無料の健康相談、保健教育等を行うこと。

5　老人、心身障害児者その他特別な介護を要する特殊疾患患者等が常時相当数入院できる体制を備えること。

6　「生活保護法」による保護を受けている者、その他の生計困難者のうちで日常生活上、特に介護を必要とする者のために常時相当数の介護者を確保する体制を備え、かつ、そのために必要な費用を負担すること。

7　当該診療施設を経営する法人が、特別養護老人ホーム、身体障害者療護施設、肢体不自由者更生施設、重症心身障害児施設等の施設を併せて経営していること。又は、当該診療施設がこれらの施設と密接な連携を保持して運営されていること。

8　夜間又は休日等通常の診療時間外においても、一定時間外来診療体制がとられていること。

9　地区の衛生当局等との密接な連携の下に定期的に離島、へき地、無医地区等に診療班を派遣すること。

10　特別養護老人ホーム、身体障害者療護施設、肢体不自由者更生施設、重症心身障害児施設等の施設の職員を対象として定期的に保健医療に関する研修を実施すること。

（勝田　吉彰）

記　事

【C 型肝炎新薬に保険適用】1 錠 8 万円、議論は紛糾　将来医療費抑制の推計も

1 錠 8 万 171 円。C 型肝炎の治療効果は高いが、価格も極めて高い新薬の保険適用が決まった。米製薬会社が発売する「ハーボニー」。国の医療保険財政を圧迫しかねないが、肝炎患者が減り医療費の将来支出が抑えられるとの推計もある。

▽計 670 万円

「（価格の）算定には疑問がある。（決定は）次回にしてはどうか」

26 日の中央社会保険医療協議会（中医協、厚生労働相の諮問機関）。中医協委員で日本医師会副会長の 中川俊男 （なかがわ・としお） 氏は、保険適用の決定見送りを求めた。今回の価格設定の手法が不透明だと指摘。議論は紛糾した。

別の委員から「待っている患者がいる。きょう決着してほしい」との意見が出たこともあり、やっと了承された。

ハーボニーに掛かる費用は、1 日 1 錠を治療に必要な 12 週間飲むと計約 670 万円に上る。薬の価格で比べると、これまで主流だったインターフェロン治療では 200 万円余り。400 万円程度も費用が増える。

だが治療が進めば患者が減って、症状が悪化した場合の医療費は不要になるとも考えられる。厚労省は C 型肝炎の重症化予防で医療費約 1 千億円を節約できると試算。患者の医療費負担を公費で助成しても「メリットはある」（幹部） とみる。

別の幹部は、今後も高額な新薬の登場が続くと予測。「患者の余命や生活の質がどのくらい向上したかを含めた効果を勘案し、その治療に掛かる費用を 決める議論も必要だ」と話す。中医協では、薬価に「費用対効果」を反映させる仕組みについて、来年度の試行導入に向けた議論も進む。

▽国内患者カバー

国立感染症研究所によると、C 型肝炎ウイルスの感染者は国内に推定約 150 万人。感染すると肝臓の炎症が起き、慢性肝炎、肝硬変、肝臓がんへと進むことがある。

日本の肝炎患者のうち 7 〜 8 割を占めるウイルスの遺伝子型を対象に治療できるのがハーボニーだ。同じ会社が開発し、5 月に先行して保険適用された「ソバルディ」は残り 2 〜 3 割の遺伝子型を対象に治療できるため、ほぼ全体の患者をカバーすることになる。

ハーボニーの臨床試験（治験）では咽頭炎や頭痛、 倦怠 （けんたい） 感の副作用がみられたが、約 150 人の患者全てが約 3 カ月の治療後にウイルスを体から排除できた。ただ国立国際医療研究センターの 溝上雅史（みぞかみ・まさし）医師は「ウイルスがなくなっても、がんになる可能性は低いながらある。特に高齢者は治療後も見守る必要がある」と注意を促す。

出典：2015 年 8 月 27 日共同通信

1. 調べてみましょう

（1） 公的医療保険にはどのような種類がありますか。

（2） 中央社会保険医療協議会とは何でしょうか。

（3） 患者の医療費負担や病院等の受け取る報酬はどのような仕組みになっていますか。

2. この記事を読んだ感想をまとめてみましょう

3. 解　説

（1） 国民皆保険制度

現在の日本では国民皆保険制度が完成していて、原則として国民は加入要件に応じていずれかの制度に加入しなければなりません。例外は、生活保護のうち医療扶助を受給している場合です。強制加入が義務付けられていて、保険料（国民健康保険税の場合もあります）も納付しなければなりません。一方で、病気・けがのときは、保健医療機関や保険薬局に被保険者証（制度によっては組合員証などの名称もあります）を提示することによって、医療費の一部を負担するだけで、治療や検査をしてもらったり医薬品を受け取ることができます。現在、一部負担金は、原則的として支払うべき医療費の３割です（一定の上限金額もあります）。義務教育就学前の者は２割、また70歳以上の高齢者は所得によって１割または３割となっています。

（2） 公的医療保険の種類と保険者

現在、公的医療保険としては国民健康保険・健康保険・船員保険・共済組合短期給付・後期高齢者医療制度があります。保険制度を運営している主体を保険者といいます。保険者は次のようになっています。

国民健康保険…市町村・特別区のほか国民健康保険組合（約160）があります。

健康保険…全国健康保険協会（１）と健康保険組合（約1,400）です。

船員保険…全国健康保険協会（１）です。

共済組合短期給付…国家公務員等は各府省庁院や日本郵政グループでそれぞれ共済組合を組織しています。地方公務員等も地方職員・市町村職員・公立学校などの共済組合を組織しています。警察共済組合は地方公務員の共済制度ですが国家公務員も混在しています。私立学校教職員は日本私立学校振興・共済事業団です。

後期高齢者医療制度…都道府県ごとの後期高齢者医療広域連合です。

（3） 診療報酬の請求・支払い

保険診療では、原則３割の自己負担分以外は保険医療機関や保険薬局から保険者に請求しますが、保険医療機関などが請求書（レセプト）を送る先は審査支払機関です。審査支払機関は、国民健康保険は国民健康保険団体連合会、国民健康保険以外は社会保険診療報酬支払基金で、保険請求が正しいか審査したり支払いをする業務を行っています。

（4） 中央社会保険医療協議会

公的医療保険制度の診療報酬は物価や医療技術・人件費の動向などの要素を勘案して国が決定します。診療報酬の改定率決定は内閣、改定の基本方針策定は社会保障審議会、個別の診療報酬点数の審議は中央社会保険医療協議会によって行われ、公正な診療報酬体系になることが図られています。中央社会保険医療協議会は「社会保険医療協議会法」に基づいて設置されています。健康保険制度において、保険医療機関又は保険薬局が療養の給付に関し保険者に請求することができる費用の額の基準などについて、厚生労働大臣の諮問に応じて審議し、及び文書をもって答申するほか、自ら厚生労働大臣に、文書をもって建議することができることとされています（「社会保険医療協議会法」第２条第１項）。

（勝田　吉彰）

第15章　公的扶助

記　事

自立促し受給者削減

改正生活保護法 あすから全面施行　不正罰金引き上げ

生活保護の不正受給対策強化を柱とする改正生活保護法が7月1日から全面施行される。仕事をして自立するよう促すのと併せ、受給者の削減につなげるのが狙い。1950年に同法が施行されて以来、初の本格的な改正。生活困窮者の支援団体は、対策を強化して手続きを厳格化すると申請の抑制を招くと懸念している。

不正対策では、罰金の上限を30万円から100万円に引き上げ。不正分の返還金にペナルティーを上乗せできる。福祉事務所の調査権限も拡大。保護申請時に収入や資産を記した書類の提出を義務付けるほか、扶養義務のある親族に対して扶養できない理由の報告を求められるようになる。

これに対し困窮者の支援団体は、申請窓口で追い返される口実になると批判。本来は制度を利用できる人が、家族に迷惑をかけたくないと申請をためらうケースも増えるとみている。

また、受給中に働いて得た収入の一部を積み立て、保護から抜けた後、支給する「就労自立給付金」制度も創設する。収入があると保護費が減らされる現在の仕組みより、働く意欲を高める効果が期待される。

生活保護の受給者数は3月時点で約217万人と過去最多を更新した。不正受給も増加し、12年度は約4万2千件に上っている。

改正法のうち、受給者に対する後発医薬品の使用促進などが1月に先行して施行されている。

情報収集へ電話窓口

自治体設置増　監視社会化 懸念も

生活保護の不正受給対策を強化した改正生活保護法が全面施行されるのに合わせ、専用電話を設けて情報提供を募る自治体が増えている。一方、だます意思がないのに不正として保護費返還を求められるケースもあり、当事者は不満の声を上げる。

生活保護の不正受給は増加が続き、2012年度は09年度の2倍以上となった。内訳では「働いて得た収入の無申告・過少申告」が6割近い。

子どものアルバイト収入の申告を忘れるなど悪質でないケースもあるが、意図的に収入を隠して保護費をだまし取るなどの事件が相次いでいる。対応が大きな課題となっており、さいたま市や京都市など少なくとも12の自治体が、情報提供を受け付ける専用電話窓口を設けた。受給者の生活を調べる人員が限られる中、市民の通報を活用する狙いだ。

11年に全国で初めて電話窓口を作った大阪府寝屋川市では、12年度に280件の相談があった。通報を基に、収入を申告しなかった受給者を告訴して逮捕につなげたほか、14件を取り消した。

ただ、相談で最も多いのは受給者が関わる騒音やごみ出しの苦情など。全ての通報が直ちに不正の発覚につながるとはいえないのが実情だ。

不正受給対策を厳しくすると締め付けが過剰になる恐れもある。大阪府内の50代の男性受給者は4月、40万円の返還を求められた。高校生の長男のアルバイト収入を申告していなかったためだ。

申告が必要だと知らされていたが、長男が忘れてしまった。男性が6月に弁明書を提出すると、役所は収入の控除を認めて返還を求めない考えを伝えてきた。「隠すつもりは全くなかったのに、不正受給だと決めつけられて納得できない」と男性には不満が残る。

受給者らを支援する、自立生活サポートセンター・もやいの稲葉剛理事長は「うわさや誤解に基づく通報が広がると、監視社会になりかねない。不正受給を減らすには、調査能力のあるケースワーカー増員が先決だ」と話している。

出典：2014年6月30日中国新聞朝刊（共同通信配信）

1．言葉を調べてみましょう

（1） 生活保護受給者数の推移（1950（昭和25）年から10年ごとの動向）はどうでしょうか。

（2） 生活保護費支給総額の推移（1980（昭和55）年以降の動向）はどうでしょうか。

（3） 生活保護基準を調べましょう。

（4） 福祉事務所とは何をするところでしょう。

（5） 現業員（ケースワーカー）と社会福祉主事を調べましょう。

2. この記事を読んだ感想をまとめましょう

3. 解　説

（1）「不正受給」が着目される背景

生活保護制度の「不正受給」対策が強化されました。生活保護制度では「不正受給」が問題とされてきましたが、それにはいくつかの要因があります。例えば、1995（平成 7）年の生活保護受給者数約 88 万人がこれまでの最少人数ですが、それ以降受給者は増加し続け、20 年間で倍以上の約 217 万人に達しています。それに伴い、生活保護費支給総額も 1995（平成 7）年の約 1 兆 5,000 億円から、2013（平成 25）年には約 3 兆 7,000 億円と増加しています（データは厚生労働省編集の『被保護者調査』や『福祉行政報告例』や『生活保護費負担金事業実績報告』によります）。生活保護受給者自体が増加していることに加えて、「不正受給」がメディアで取り上げられることが多く、「生活保護受給＝不正受給」とイメージが定着しているのも問題です。

（2） 生活保護基準 — 最低生活とはどの程度でしょうか

また、適正な受給であっても「不正受給」と疑われることもあります。生活保護制度は、生活扶助、住宅扶助、医療扶助、教育扶助、生業扶助、出産扶助、葬祭扶助、介護扶助の 8 つから構成されています。支給される生活保護費はそれぞれの世帯によって異なるので一概にはいえませんが、例えば 3 人世帯（夫婦と子ども 1 人）の場合、東京都 23 区内（1 級地 -1）であれば約 16 万 6,000 円、石川県金沢市（2 級地 -1）であれば約 14 万 6,000 円の生活扶助（生活費）が支給されます。その上、住宅扶助（住宅費）の支給、各種税や保険料の原則免除、医療費の窓口負担分が支給（医療扶助）、ということになっています。厚生労働省が定めた基準ですが、「生活保護受給者が優遇されている」と感じる人もいるかもしれません。基準は 2018（平成 30）年に改正されます。

（3） 福祉事務所の役割

生活保護制度は適正実施を図るため、行政によって運営されています。その中心となるのが、「社会福祉法」第 14 条に規定されている「福祉に関する事務所（一般的には福祉事務所と呼ばれます）」です。福祉事務所は福祉六法（「生活保護法」「児童福祉法」「母子及び父子並びに寡婦福祉法」「老人福祉法」「身体障害者福祉法」「知的障害者福祉法」）に定められた援護・育成・更生の措置に関する事務を担う機関ですが、都道府県設置のものは所管事項が少ないです。都道府県と市は必ず福祉事務所を設置しなくてはなりませんが、町村の設置は任意となっています。福祉事務所には、所長、査察指導員（スーパーヴァイザー）、現業員（ケースワーカー）、事務職員が配置されています。

（4） 生活保護受給者を自立支援する現業員（ケースワーカー）

生活保護制度は最低生活保障のみならず、自立助長を目的としています。そのため、査察指導員（スーパーヴァイザー）と現業員（ケースワーカー）は、社会福祉主事の資格を有していなければならないとされています。社会福祉主事の取得方法はさまざまですが、社会福祉の業務を行う際の基礎的資格として位置づけられてきました。社会福祉士などの社会福祉に関する国家資格ができているので、生活保護受給者を自立支援するのが社会福祉主事で十分なのかという疑問の声も存在します。また、市部設置の福祉事務所において、「社会福祉法」では 1 人の現業員（ケースワーカー）が担当する標準数を 80 世帯としていますが、それでは十分に目が行き届かない可能性もあります。ただし、ここで確認しておきたいのは、自立助長（自立支援）を実現するために、社会福祉主事が配置されているという事実です。「不正受給」ばかりが強調されますか、生活保護制度の本来の趣旨を学ばなければなりません。

（村田　隆史）

記　事

不正受給件数が最悪

生活保護13年度　金額は減少

厚生労働省は9日、2013年度の生活保護費の不正受給が4万3230件に上り、過去最悪を更新したと発表した。前年度から1321件増えた。金額は前年度から約3億6千万円減の186億9033万円だった。

福祉事務所が受給者の収入状況の調査を徹底していることが早期発見につながり、1件当たりの金額は43万2千円と過去最少。厚労省は「受給者数の増加に伴い不正受給も増えているが、防止の取り組みが功を奏している」と分析している。

内訳は「働いて得た収入の無申告・過少申告」が合計で57・1%、「年金受給の無申告」が21・3%で続いた。不正受給が発覚した理由は、福祉事務所による照会や調査が89・3%を占めた。

政府は、昨年7月に施行された改正生活保護法で不正受給対策を強化。罰金の上限を30万円から100万円に引き上げたほか、保護申請時に収入や資産を記した書類の提出を義務付けるなどの福祉事務所の調査権限も拡大した。

全国の生活保護受給世帯は、昨年12月時点で過去最多の161万8196世帯だった。

また厚労省は9日、不正受給の事実を確認してから1カ月以内をめどに月々の受給額から返金分を減額する処理の手続きを開始することを決めた。3月末にも地方自治体に通知する。総務省が昨年、「処理に時間がかかりすぎている」と勧告していた。

出典：2015年3月10日中国新聞朝刊（共同通信配信）

1．言葉を調べてみましょう

（1）「憲法」25条（生存権）はどのような規定ですか。

（2）「生活保護法」の４つの基本原理は何でしょう。

（3） 自立助長（自立支援プログラムも含めて）について調べましょう。

（4） 生活保護制度の８つの扶助は何ですか。

（5） 生活困窮者自立支援制度について調べましょう。

2．この記事を読んだ感想をまとめましょう

3. 解　説

（1） 生活保護法が必要な理由 ―「改正生活保護法」を学ぶ前に

日本の公的扶助の歴史は、1874（明治7）年制定の「恤救規則」に始まりますが、制度が十分に機能せず、1929（昭和4）年には「救護法」が新たに制定されました。両者に共通しているのは、主に身寄りがない高齢者、障害者、児童、重病人に対象を限定した「制限扶助主義」をとったことであり、すべての人の最低生活保障とはなりませんでした。第二次世界大戦が終わると、GHQ/SCAPの後押しもあり、日本政府は「生活保護法」の制定に着手しました。1946（昭和21）年に制定された「生活保護法」（旧法）では、制度の対象を制限しない「一般扶助主義」がとられましたが、「欠格条項」を設けて「怠惰な者」や「素行不良な者」を制度の対象外としました。そして、1950（昭和25）年に制定された「生活保護法」（新法）では、「欠格条項」が削除され、「憲法」25条（生存権）の理念が具体化された法律であることを謳った制度として、日本の最低生活保障を担うことになりました。

（2）「生活保護法」の基本原理

「生活保護法」の第1条から第4条には、法律の基本原理が書かれています。第1条には「この法律は、日本国憲法第25条に規定する理念に基き、国が生活に困窮するすべての国民に対し、その困窮の程度に応じ、必要な保護を行い、その最低限度の生活を保障するとともに、その自立を助長することを目的とする」と法律の目的が明記されています。第2条は「無差別平等」、第3条は「最低生活」、第4条は「保護の補足性」に関して規定し、制度運営の基本原理を明記しています。

（3）「最後のセーフティネット」としての役割

生活保護制度は「最後のセーフティネット」といわれますが、法第4条「保護の補足性」は最低限度の生活を維持するため、「あらゆるものを活用すること」を求めています。通常、セーフティネットは3層構造になっており、まずは雇用・労働に関するネット、次に社会保険（医療保険、年金保険、介護保険、雇用保険、労働者災害補償保険）のネットが張られていて、それでも生活を維持することが困難になった場合に生活保護制度が最後のネットとして機能することになっています。しかし、現在は非正規雇用労働者の増加に伴いワーキングプアという言葉が当たり前のように使われていて、各種社会保険もその影響を受けて生活保障としての機能が低下していることもあり、生活保護制度の役割はより重要になっています。

（4） 生活保護制度をめぐる今日的課題

上記と関連しますが、生活保護制度は「最後のセーフティネット」であるために、多くの問題が集約されます。他章の社会福祉制度をめぐる実態をみてもわかるように、最後は生活保護制度を利用せざるを得ない状況にあります。2015（平成27）年に生活保護受給者は217万人に達し、「過去最多」を更新しています。また一部の生活保護受給者が「不正受給」を行っているのも事実です。生活保護受給者の自立を目的として、2005（平成17）年から「自立支援プログラム」が導入されるなどの対策は実施されていますが、根本的な解決になっていません。また、生活保護受給に至る前の制度として、2013（平成25）年に「生活困窮者自立支援法」が制定されましたが、生活保護受給者の減少に寄与するかは疑問です。生活保護制度といえば受給者数の増加と「不正受給」が強調されがちですが、実は制度が利用できるのにさまざまな理由で利用しない「漏救」があることを忘れてはなりません。「生活保護法」は「一般扶助主義」の最低生活保障制度なのです。

（村田　隆史）

執筆者紹介
（執筆順）

佐々木善久　（ささき　よしひさ）　第1章
現　　職：山陽新聞社 取締役 社長室長

松井　圭三　（まつい　けいぞう）　第2章
現　　職：中国短期大学保育学科・専攻科介護福祉専攻 教授
岡山大学医学部非常勤講師
就実大学教育学部非常勤講師

小出　享一　（こいで　きょういち）　第3章
現　　職：一般社団法人 いばしょ 代表理事

今井　慶宗　（いまい　よしむね）　第4章
現　　職：関西女子短期大学 保育学科 講師

小倉　　毅　（おぐら　たけし）　第5章
現　　職：兵庫大学生涯福祉学部 准教授

藤田　　了　（ふじた　りょう）　第6章
現　　職：大阪国際大学人間科学部 講師

竹内　公昭　（たけうち　きみあき）　第7章、第8章、第9章
現　　職：NPO法人「びぃあらいぶ」理事長

吉川　知巳　（よしかわ　ともみ）　第10章
現　　職：精華女子短期大学 専任講師

中　　典子　（なか　のりこ）　第11章
現　　職：中国学園大学 子ども学部 准教授

角田みどり　（すみだ　みどり）　第12章
現　　職：中国短期大学 保育学科 教授

山本　哲雄　（やまもと　てつお）　第13章
現　　職：公民館 講師

勝田　吉彰　（かつだ　よしあき）　第14章
現　　職：関西福祉大学社会福祉学部 教授

村田　隆史　（むらた　たかふみ）　第15章
現　　職：青森県立保健大学健康科学部社会福祉学科 講師

■編著者紹介

松井　圭三　（まつい　けいぞう）

現職　中国短期大学保育学科・専攻科介護福祉専攻 教授
岡山大学医学部非常勤講師
就実大学教育学部非常勤講師

主著
『21 世紀の社会福祉政策論文集』ふくろう出版、2009
『第 3 版児童家庭福祉』大学教育出版、2014
『現代社会福祉概説』ふくろう出版、2015
その他著書多数

今井　慶宗　（いまい　よしむね）

現職　関西女子短期大学 保育学科 講師

主著
『現代の障がい児保育』（共著）学文社、2016
『保育実践と家庭支援論』（編著）勁草書房、2016
『保育実践と社会的養護』（共著）勁草書房、2016

社会福祉記事ワークブック

2016 年 4 月 20 日　初版第 1 刷発行
2018 年 4 月 25 日　初版第 2 刷発行

■編 著 者――松井圭三・今井慶宗
■発 行 者――佐藤　守
■発 行 所――株式会社 大学教育出版
〒 700-0953　岡山市南区西市 855-4
電話（086）244-1268　FAX（086）246-0294
■印刷製本――モリモト印刷 ㈱

ISBN978－4－86429－365－5